COMO ENTENDER A BÍBLIA

COMO ENTENDER A BÍBLIA

Aprenda a compreender e interpretar as Escrituras

A. Berkeley Mickelsen
&
Alvera M. Mickelsen

Tradução:
Hilton Figueiredo
Soraya Bausells

Santo André, SP
2010

Como entender a Bíblia
Título original em inglês: *Understanding Scripture*

P.O. Box 3473 Peabody, Massachusetts 01961-3473.
Os textos das referências bíblicas foram extraídas da versão Almeida Revista e Corrigida da IBB/Juerp.

Supervisão editorial
Marcos Simas

Assistente editorial
Maria Fernanda Vigon

Preparação de textos
Noemi Ferreira

Revisão
Nataniel Gomes

Capa
Rick Szuecs

Diagramação
Clara Simas

www.geografica.com.br

Dados Internacionais de Catalogação na Publicação (CIP)
(Câmara Brasileira do Livro, SP, Brasil)

Micckelsen, A. Berkeley
Como entender a Bíblia / A. Berkeley Mickelsen & Alvera M. Mickelsen ; tradução Hilton Figueiredo e Soraya Bausells. -- 1. ed. -- Santo André, SP : Geográfica Editora, 2010.

Título original: Understanding scripture.
ISBN 978-85-89956-75-8

1. Bíblia - Interpretação I. Mickelsen, Alvera M. II. Título.

10-01013 CDD-220.6

Índices para catálogo sistemático:

1. Bíblia : Doutrinas : Teologia cristã 220.6

Sumário

PREFÁCIO

Praticamente todo o ensino básico sobre a fé cristã depende da Bíblia e da maneira em que ela é interpretada. Mesmo que não percebamos isso, todos têm sua forma pessoal de interpretar a Bíblia.

Durante muitos anos, a paixão de meu marido, A. Berkeley Mickelsen, foi auxiliar futuros pastores e líderes cristãos a desenvolver princípios sólidos de interpretação, que pudessem ajudá-los a entender as verdades da Bíblia e a se tornarem capazes de avaliar as muitas ideias religiosas que nos bombardeiam diariamente. O livro *Como entender a Bíblia*, publicado pela Wm. B. Eerdmans, em 1963, é fruto desse interesse intenso. A obra tem sido usada como livro-texto em vários seminários, faculdades e pelo departamento de religião de diversas universidades pelo mundo.

No entanto, percebemos que era necessário acrescentar algum subsídio à obra. Os leigos, os que mais ensinam a Bíblia em nossas igrejas, precisavam também de ajuda para poderem desenvolver acertados princípios de interpretação. As versões seguintes do livro foram fruto dessa necessidade. Elas contêm os mesmos princípios do livro-texto, porém com poucas referências ao grego, ao hebraico e a outros aspectos técnicos.

Este livro contém ainda algum material que meu marido pretendia incluir na revisão do livro-texto para seminários, em que estava trabalhando quando faleceu. Um dos aspectos que ele pretendia enfatizar era a forma pela qual os padrões e princípios elevados e únicos estabelecidos pela Bíblia podem ser distinguidos hoje das ordens determinadas no tempo e na cultura da época em que ela foi escrita. Essa distinção é importante na interpretação de muitas das passagens bíblicas mais difíceis.

Este livro traz também informações sobre o processo de formação da Bíblia e a sua importância para o entendimento do conteúdo bíblico, hoje.

Nossa esperança e oração é que este pequeno livro ajude os leitores a apreciarem o valor e a importância da Bíblia e o seu significado para nossa vida.

ALVERA M. MICKELSEN
ST. PAUL, MINNESOTA

ABREVIAÇÕES

Antigo Testamento

Gn	Gênesis
Êx	Êxodo
Lv	Levítico
Nm	Números
Dt	Deuteronômio
Js	Josué
Jz	Juízes
Rt	Rute
1 Sm	1 Samuel
2 Sm	2 Samuel
1 Rs	1 Reis
2 Rs	2 Reis
1 Cr	1 Crônicas
2 Cr	2 Crônicas
Ed	Esdras
Ne	Neemias
Et	Ester
Jó	Jó
Sl	Salmos

Pv	Provérbios
Ec	Eclesiastes
Ct	Cântico dos Cânticos
Is	Isaías
Jr	Jeremias
Lm	Lamentações
Ez	Ezequiel
Dn	Daniel
Os	Oseias
Jl	Joel
Am	Amós
Ob	Obadias
Jn	Jonas
Mq	Miqueias
Na	Naum
Hc	Habacuque
Sf	Sofonias
Ag	Ageu
Zc	Zacarias
Ml	Malaquias

Novo Testamento

Mt	Mateus
Mc	Marcos
Lc	Lucas
Jo	João
At	Atos
Rm	Romanos
1 Co	1 Coríntios
2 Co	2 Coríntios
Gl	Gálatas
Ef	Efésios
Fp	Filipenses

Cl	Colossenses
1 Ts	1 Tessalonicenses
2 Ts	2 Tessalonicenses
1 Tm	1 Timóteo
2 Tm	2 Timóteo
Tt	Tito
Fm	Filemom
Hb	Hebreus
Tg	Tiago
1 Pe	1 Pedro
2 Pe	2 Pedro
1 Jo	1 João
2 Jo	2 João
3 Jo	3 João
Jd	Judas
Ap	Apocalipse

Outras Abreviações

AD	Anno Domini (do latim — ano do Senhor)
AC	Antes de Cristo
KJV	Versão King James
NVI	Nova Versão Internacional
NKJV	Nova Versão King James
NRSV	Nova Versão "Revised Standard"
p.(p.)	página(s)
v.(v.)	versículo(s)

INTRODUÇÃO

Este livro tem um propósito: ajudar o leitor a descobrir o significado da Bíblia. Por que precisamos de um livro que nos ensine isso? Por que não podemos apenas ler a Bíblia e ver, por nós mesmos, o que ela diz e significa? Podemos e devemos fazer isso, mas, por causa de algumas razões especiais, nós precisamos de ajuda.

A maioria dos livros que passam por nossas mãos foram escritos já no nosso tempo e para as pessoas da nossa geração. Os escritores vivem na mesma cultura em que vivem seus leitores, e têm os mesmos padrões de pensamentos. Quando não é esse o caso do livro que estamos lendo, encontramos dificuldade para entender o texto.

A maior parte das pessoas que lerão este livro não têm conhecimento da filosofia oriental. Podemos encontrar livros escritos por orientais sobre essa filosofia. Entretanto, mesmo tendo sido traduzidos para nossa língua, esses livros são de difícil leitura porque a lógica do pensamento oriental é muito diferente da nossa.

Quando um leitor tem hoje diante de si um texto que contenha a mitologia grega ou um Beowulf, ou até mesmo um Shakespeare, ele tem de estar constantemente interpretando o que lê. As palavras estão na nossa língua; mas o ambiente nos é estranho. As pessoas pensam diferentemente de nós. Normalmente, elas têm um conjunto de valores diferente do nosso. Mesmo quando percebemos certos temas universais que são comuns em nossos dias, é preciso fazer a transição de outra cultura e outro tempo para o nosso, a fim de que a mensagem seja relevante.

O mesmo acontece com a Bíblia. Ela foi escrita num período de cerca de 2.000 a 3.000 anos atrás, em línguas diferentes e por pessoas cuja lógica de pensamento, costumes e forma de viver era muito diferente da nossa. Os autores da Bíblia eram parte da sua geração, da mesma forma em que fazemos parte da nossa.

Quando estudamos a Bíblia, somos sempre confrontados com as seguintes perguntas: O que este texto significou para os leitores a quem ele foi dirigido? O que significa para nós, hoje? Ao responder a estas perguntas, estamos vivenciando o processo de interpretação da Bíblia.

A Bíblia não é o único documento que precisa ser estudado dessa maneira para poder ser entendido. Muitos livros já foram escritos com o objetivo de se interpretar Platão, Aristóteles e Kant. Os arqueólogos que analisam os manuscritos do Mar Morto precisam usar todos os princípios relevantes e toda a habilidade para determinar o que os escritos significam.

É de especial importância o cuidado com que interpretamos a Bíblia, porque estamos lidando com material de valor infinito — a mensagem e a revelação de Deus. Para o cristão, a Bíblia é o livro de orientação para todos os aspectos da vida. Ela nos mostra o caminho do relacionamento com Deus. Ensina o que Deus espera dos homens e das mulheres. É o único registro da plena revelação de Deus na pessoa de Jesus Cristo. Uma vez que o relacionamento com Deus é indispensável para uma vida de satisfação, não podemos ameaçar esse relacionamento com uma leitura ou um entendimento errôneo da Bíblia.

No passado, interpretações incorretas da Bíblia tiveram consequências terríveis. Interpretações erradas foram usadas para apoiar causas absurdas, como discriminação racial e sexual, escravidão e, em particular, teorias científicas. Um dos momentos mais obscuros na história da cristandade aconteceu no século XVII, quando o grande matemático Galileu foi julgado e condenado pela igreja porque formulara a teoria coperniana dizendo que a terra girava em torno do sol. Esta teoria era contra a "interpretação bíblica" que entendia ser a terra o centro do universo.

Por que coisas como estas aconteceram? Porque pessoas honestas e conscienciosas *confundiram a mensagem de Deus com sua interpretação* das palavras da Bíblia. Mensagem e interpretação não são palavras sinônimas. É preciso que sejamos honestos e admitamos que algumas de nossas profundas convicções — muitas vezes, defendidas com muita intensidade emocional — estão baseadas em perspectivas muito pessoais de determinados versículos bíblicos, e não de acordo com a mensagem geral de Deus dada na Bíblia como o mais alto padrão divino para nós.

Todos os cristãos estão constantemente diante da necessidade de interpretar a Bíblia corretamente. O objetivo deste livro não é dar uma fórmula mágica para garantir a "compreensão imediata" das passagens difíceis. Antes, é oferecer alguns princípios básicos que ajudarão a orientar o nosso raciocínio e avaliação das interpretações que ouvimos e lemos.

Como usar este livro

Leia, em sua Bíblia, as passagens indicadas, quando elas não estiverem inteiramente transcritas. Só assim você poderá realmente praticar o que está aprendendo enquanto lê este livro. Quando não houver uma indicação específica, os textos bíblicos citados sempre serão da versão ***ALMEIDA REVISTA E CORRIGIDA, Edição de 1943***, publicada pela IMPRENSA BÍBLICA BRASILEIRA / JUERP. Em alguns casos, particularmente no capítulo sobre a poesia bíblica, uma tradução mais literal em relação às línguas originais é apresentada. É uma prática sábia e saudável comparar várias traduções quando você estiver estudando um texto bíblico.

Reflita sobre as perguntas que estão ao final de cada capítulo e faça os exercícios sugeridos. Isso lhe dará a oportunidade de praticar e aplicar imediatamente os princípios nele abordados. Somente pela prática você pode desenvolver a habilidade e experimentar o prazer que provém de um entendimento profundo da Palavra de Deus.

Estude e leia criteriosamente. Você vai experimentar uma nova empolgação à medida que aprende a fazer as suas avaliações e julgamentos baseando-se em princípios firmes. A Bíblia se tornará mais viva e poderosa em sua vida. Lembre-se: o objetivo é que você entenda esse livro fantástico — a Bíblia — e encontre com Deus em suas páginas.

CAPÍTULO 1

O QUE ESPERAR DO ESTUDO BÍBLICO?

A Bíblia não é um livro mágico. Ela não oferece aos leitores respostas instantâneas a perguntas difíceis nem aponta para uma luz verde ou vermelha diante de decisões difíceis que precisem ser tomadas. No entanto, a maioria das pessoas que mantêm o costume de estudar a Bíblia diariamente descobrem que ela as ajuda a desenvolver a comunhão com Deus, renova-as espiritualmente diante das demandas do dia e ainda provê orientação moral para a conduta diária. Existe outra atividade mais compensadora?

Infelizmente, algumas pessoas procuram a Bíblia com expectativas que ela não promete nem tem a intenção de prover. Alguns esperam que cada capítulo lhes dê inspiração e direção específica para as situações diárias da vida. Não se pode esperar que a Bíblia ajude a organizar o seu dia, a não ser de maneira genérica na elaboração de suas prioridades.

Certa vez, uma amiga reclamou que, por meio da leitura bíblica, não estava recebendo nada que a ajudasse pessoalmente; por isso, achava que havia algo de errado com ela. Estava lendo 2 Crônicas. Nós lhe asseguramos que, de 2 Crônicas, ela deveria esperar apenas informações sobre o povo hebreu, em determinado período histórico. Ela poderia perceber como alguns reis usaram seu poder para o bem ou para o mal; como os israelitas passaram longos períodos prestando culto a ídolos e, ocasionalmente, voltavam para Deus. Com certeza, esse não é um livro cuja leitura produza grande inspiração. Sugerimos que, enquanto lia trechos de 2 Crônicas, ela lesse também, a cada dia, um salmo e um capítulo dos Evangelhos. Assim, ela seria impactada pela vida e os ensinamentos de Jesus. Ela se sentiu aliviada ao descobrir que a dificuldade de encontrar alguma inspiração no livro das Crônicas não era sinal de frieza espiritual.

Algumas pessoas têm outras expectativas errôneas ao lerem a Bíblia. Tentam ler Apocalipse e Daniel na esperança de encontrar um mapa claro do futuro da história. Esperam descobrir se a Rússia, a China ou algum outro país é o anticristo ou a besta do futuro, e ainda se Cristo vai voltar neste ou no próximo ano! A Bíblia nunca teve a pretensão de responder a essas perguntas, embora alguns "especialistas em profecias" tentem forçá-la a isso.

Às vezes, queremos fugir da responsabilidade de assumir as decisões pessoais, e tentamos encontrar respostas na Bíblia. A Bíblia não nos vai dizer que emprego devemos procurar ou aceitar, a não ser de maneira bastante genérica. Ela afirma que, o que quer que façamos, devemos fazê-lo para a glória de Deus. Se determinado emprego explora pessoas ou vende alguma coisa considerada prejudicial, podemos saber que essas coisas não glorificam a Deus. No entanto, em determinados assuntos, a Bíblia apresenta uma orientação clara. Diante de um relacionamento extraconjugal, um casal não precisa ler muito para descobrir que Deus condena essa prática. Em outras áreas, porém, a Bíblia tem pouco ou quase nada a dizer. O que a Bíblia diz sobre saltar de pára-quedas? Nada, é claro. Como, então, os cristãos podem saber se Deus quer que eles se envolvam com pára-quedismo? Terão de observar princípios bíblicos mais abrangentes. A Bíblia ensina que os cristãos devem ser responsáveis pelo uso do seu tempo e dinheiro, fazendo-o com sabedoria. Devem cuidar bem da sua saúde e dar prioridade ao bem- estar de sua família.

Uma pessoa pode concluir que o pára-quedismo tomará muito do seu tempo ou custará muito para um orçamento apertado. Outros poderão concluir que a adrenalina conseguida após o salto produz neles mais eficiência no trabalho para Deus, ou ainda que é uma boa atividade para a família. Cristãos que buscam honestamente a vontade de Deus para sua vida precisam tomar decisões como essa, só depois de cumprir o conselho de Paulo: "Examinai tudo. Retende o bem" (1 Ts 5:21).

Infelizmente, há pessoas que oram: "Senhor, guia-me neste assunto". Abrem a Bíblia e colocam seu dedo num versículo qualquer, esperando que ele contenha a resposta para sua súplica. Apesar de nossa insensatez, algumas vezes Deus, pela sua misericórdia, nos dá a direção; mas não devemos esperar isso da Bíblia.

O que podemos e devemos esperar?

Que expectativa podemos ter de um estudo criterioso da Bíblia?

1. Deus fala sobre amor, verdade, justiça, retidão e sobre os efeitos do pecado em nossa vida e no mundo. Esses ensinos permeiam o Antigo Testamento — até mesmo em 2 Crônicas. Eles saltam das páginas dos profetas — Amós, Jeremias, Isaías — bem como dos Evangelhos e epístolas do Novo Testamento. Muitos ensinos do Antigo e do Novo Testamentos falam sobre a justiça social — nossa responsabilidade de ajudar o pobre, o doente e os abandonados deste mundo. O estudo bíblico nos confronta com essas mensagens.

2. Deus nos é revelado por meio da história registrada na Bíblia. Podemos acompanhar as escolhas de Deus ao libertar os justos; percebemos inclusive como Deus usa os pagãos e os não cristãos para alcançar os propósitos divinos. E é claro, o grande ato da revelação de Deus é a vinda de Jesus Cristo ao mundo para viver como homem, sofrer e morrer pelos nossos pecados, e para ressuscitar vitorioso. Por meio da Bíblia, temos um encontro peculiar com Deus.

3. Podemos esperar crescimento espiritual à medida que estudamos a Bíblia e colocamos em prática o que aprendemos. O crescimento espiritual não se dá automaticamente, só por causa do estudo bíblico. Muitos agnósticos e até pessoas más conhecem mais a Bíblia do que muitos cristãos consagrados. Para que haja crescimento espiritual, é preciso estudar e praticar o que é ensinado na Bíblia.

4. Podemos esperar o crescimento da nossa compreensão sobre os padrões de Deus a respeito do certo e do errado. Aprendemos como são mais elevados que os nossos os padrões divinos. Por exemplo, toda a nossa sociedade parece estar organizada com base nas estruturas de poder. O desejo pelo poder permeia casamentos, famílias, igrejas, governos e negócios. Nosso conceito de sucesso é estar no topo da estrutura de poder — ter a última palavra nos assuntos que nos afetam e afetam outras pessoas. Quanto maior o nosso poder, maior é a nossa sensação de sucesso.

No entanto, um dos ensinos claros de Jesus, repetido nos quatro Evangelhos, traz um princípio exatamente oposto como padrão para os cristãos: "vocês sabem como os gentios (descrentes) exercem autoridade e domínio sobre vocês; mas não deve ser assim entre vocês. O que for o primeiro entre vocês deve servir a todos" (Mt 20:25, 26, tradução do autor).

Na Bíblia, nós aprendemos que Deus condena o adultério, o assassinato, o roubo etc. Tanto quanto estas coisas, Deus condena o ódio, a lascívia, a intriga, o amor ao dinheiro e a maledicência. Para a maioria de nós, o estudo da Bíblia nos torna totalmente conscientes da nossa incapacidade de viver de acordo com os padrões de Deus.

5. Somos confrontados com Cristo. Um estudo do Novo Testamento nos mostra a pessoa de Cristo. Encontramos sua vida e ensinos nos Evangelhos e a interpretação dessa vida e ensinos nas Epístolas. Em nenhuma outra circunstância o amor de Deus é revelado tão dramaticamente como na vinda de Cristo para dar a sua vida por nós. O estudo da Bíblia não só aumenta a nossa consciência de pecado, mas também nos mostra que o remédio para

o pecado encontra-se na pessoa de Cristo. Podemos ter alegria e esperança na presença de Deus.

6. Podemos esperar que nosso estudo bíblico nos ajude a entender os problemas das pessoas em outras épocas e, assim, aprender como Deus agiu ou deixou de agir diante desses problemas. Em certo sentido, a Bíblia é um livro de "estudo de casos" sobre Deus lidando com as pessoas. Vemos a ação da misericórdia, amor e juízo divinos. O método de ensino por meio do "estudo de casos" é reconhecido em todas as áreas da educação como um dos mais eficientes recursos para o aprendizado. Esse método está na Bíblia há milhares de anos, embora, nas páginas sagradas, ele não seja reconhecido como tal. Podemos aprender com a experiência dos outros.

7. No estudo bíblico, podemos esperar pela orientação do Espírito Santo, que prometeu nos guiar "em toda a verdade" (Jo 16:13). Ele promete também iluminar nossa mente e nosso entendimento, se buscarmos sua orientação. No entanto, a busca pela orientação do Espírito não é uma substituição para o estudo árduo e honesto. O Espírito Santo nos foi dado para que possamos conhecer a Deus e entender o seu desejo para nós, e não para nos tornar preguiçosos.

8. Podemos manter comunhão com Deus em nosso estudo bíblico. Geralmente, esse estudo torna-se uma verdadeira experiência de adoração, em que somos tomados de admiração por Deus e pelo desejo de exaltá-lo. Especialmente diante de algumas partes da Bíblia, como os Salmos e alguns hinos de louvor nos escritos de Paulo, esse sentimento mostra ser verdadeiro.

9. Podemos aprender mais sobre nós mesmos e sobre os outros. A Bíblia é um livro extremamente honesto e franco sobre os detalhes e experiências das pessoas. Percebemos o profeta Jeremias tão desencorajado, que diz: "Maldito o dia em que nasci; [...] Maldito o homem que deu as novas a meu pai, dizendo: Nasceu-te um filho..."(Jr 20:14-15).

A Bíblia apresenta, também, a experiência de Jó, que se mostra com o coração tão apertado com tudo que lhe acontecera, que desejou nunca ter nascido. “Por que, pois, me tiraste da madre? Ah se *então* dera o espírito, e olhos nenhuns me vissem!” (Jó 10:18).

Na Bíblia encontramos santos caindo em pecado, bem como pecadores, como Ciro, Rei da Pérsia, sendo protagonistas de atos corajosos de justiça e bondade (v. 2 Cr 36:23).

A que devemos estar atentos?

Para que nossas expectativas diante do estudo bíblico sejam alcançadas, é preciso estar atentos a determinadas atitudes ou abordagens que podem prejudicar o êxito desejado.

1. Pode ser que estejamos presos ao “método científico”. Todos somos influenciados pela filosofia do mundo em que vivemos. Parte dessa filosofia envolve o “método científico”, que assume haver uma relação de causa e efeito para praticamente tudo. No pensamento do século XX, tudo que realmente importa deve ser medido, de alguma forma, em algum computador.

No entanto, os princípios da lógica e da pesquisa, aplicáveis ao estudo da ciência ou até mesmo à área das ciências humanas, muitas vezes não se aplicam à esfera bíblica. Isso, porém, é difícil de ser aceito, porque estamos por demais acostumados com a nossa cosmovisão de causa e efeito. Por causa dessa forma de pensar, tentamos encontrar uma explicação para todo milagre e para cada parte de profecia que se cumpriu. É difícil lidar com o material bíblico dentro do contexto e ambiente do período histórico em que ele foi escrito.

2. Podemos estar mais comprometidos com as crenças religiosas que nos foram transmitidas na infância do que com o ensino trazido pela Bíblia. Todos estamos fortemente condicionados pelo ensino religioso (ou a falta dele) com que crescemos. É difícil mudar ideias plantadas desde cedo — sejam elas boas ou ruins. Na verdade, nenhum de nós vai à Bíblia com a mente verdadeiramente aberta. As ideias preconcebidas geralmente condicionam a maneira como interpretamos a Bíblia.

Ideias preconcebidas não são nenhuma novidade. Os discípulos foram impedidos de entender o ministério de Jesus aqui na terra por causa da visão antecipada e equivocada que traziam com eles. Como a maioria dos judeus naquele tempo, eles estavam convencidos, por sua interpretação do Antigo Testamento, de que o Messias viria como um rei terreno que haveria de libertá-los do domínio de Roma. Eles não conseguiam imaginar um Salvador sofredor, embora Jesus insistisse em lhes revelar o que estava para acontecer. Essas interpretações equivocadas sobre o propósito do Messias têm impedido os judeus de reconhecer o seu papel messiânico desde o tempo de Jesus até hoje. Os próprios discípulos, depois da morte e ressurreição de Jesus, precisaram desenvolver uma nova interpretação do Antigo Testamento. E isso não foi fácil!

Provavelmente, era sobre isso que Jesus estava falando quando encontrou os dois discípulos na estrada de Emaús, após a sua ressurreição. Ele lhes disse: "Ó néscios, e tardos de coração para crer tudo o que os profetas disseram! Porventura não convinha que o Cristo padecesse estas coisas e entrasse na sua glória?". E Lucas continua: "E, começando por Moisés, e por todos os profetas, explicava-lhes o que dele se achava em todas as Escrituras" (Lc 24:25-27).

Isso acontece conosco, também. Os textos que foram interpretados equivocadamente ou de maneira incompleta e nos foram ensinados na infância podem dificultar a nossa compreensão do que a Bíblia realmente diz sobre alguns temas importantes. Nossa fidelidade ao que aprendemos desde cedo pode ser um empecilho à nossa busca do sentido da Palavra de Deus.

Por exemplo, algumas pessoas assumem — porque aprenderam assim — que as ideias religiosas mais recentes são sempre mais desenvolvidas que as mais antigas. Se isso é um pressuposto, elas vão encontrar nos escritos mais antigos provas de que o Deus dos hebreus era um deus tribal entre muitos outros deuses de outras tribos. Procurarão, então, as evidências que comprovem o desenvolvimento da ideia de vários deuses para um Deus supremo e universal. Uma vez que estão procurando por isso, elas tendem a passar por cima do que não se encaixa "nesse preconceito" e se apegam a qualquer pequena informação que ajude a sustentar a sua ideia. No entanto, a ênfase bíblica está na tendência que as pessoas têm de se afastar de Deus e não de se aproximar dele.

Todos somos inclinados a mudar o que a Bíblia diz para que sua mensagem apresente a forma que nos agrade e se encaixe em nossas ideias preconcebidas. Às vezes, isso pode chegar a proporções alarmantes. Por exemplo, alguns têm insistido em que a palavra grega *apostasia* — usada por Paulo em 2 Tessalonicenses 2:3, traduzida por "cair", na versão King James, e por "rebelião", na versão New Revised Standard —, na verdade, significa "arrebatamento".[1] Para se traduzir o termo *apostasia* por *arrebatamento*, ao invés de traduzi-lo por *apostasia*, é preciso fazer uso de um complicado arrazoado etimológico (significado das raízes das palavras). Entretanto, não há apoio para nenhum outro significado além de "apostasia" ou "rebelião", entre os autores do grego koiné durante o período em que o Novo Testamento foi escrito. O esforço para se interpretar como "arrebatamento" é feito para sustentar determinada posição teológica.

3. O medo de paradoxos pode influenciar nosso pensamento. No mundo ocidental em que crescemos e que é fortemente influenciado pelo filósofo grego Aristóteles, a maioria de nós só se sente satisfeito diante de um sistema de pensamento muito bem organizado que nos dê uma estrutura firme para que possamos organizar nossas ideias. Algumas afirmações bíblicas, porém, parecem paradoxais e, como nossa mente tem dificuldade de lidar com esses paradoxos, preferimos ignorar uma ideia e exaltar outra, quando as mesmas não podem ser conciliadas.

Isso se torna especialmente verdade quando nos encantamos com algum detalhe menor da Bíblia e tentamos encontrá-lo em toda parte. Podemos usar praticamente todas as passagens para sustentar nosso tema favorito, perdendo assim nosso senso de equilíbrio. Iludidos com a ideia de fazer um estudo exaustivo, en-

[1] Esta diferença não aparece nas versões em português (N. T).

contramos apoio para nosso objetivo em lugares onde um leitor comum (lembrando da situação dos leitores originais) daria à passagem bíblica uma interpretação completamente diferente da nossa. Infelizmente, compreensões como esta se tornaram bastante populares. A maioria de nós não se preocupa em olhar o contexto das passagens usado pelo autor para dar sustentação à sua ideia. Assim, não percebemos quantos textos foram tirados de seu contexto ou foram usados equivocadamente.

4. Podemos praticar o "literalismo seletivo" — prática de escolher os mandamentos e os ensinamentos de que nós gostamos, e ignorar os que não nos agradam. Afirmamos que cremos que a Bíblia é "literalmente verdade" e escolhemos cuidadosamente as passagens que devem ser "tomadas de maneira literal porque são a Palavra de Deus"? Toda a Bíblia é a Palavra de Deus no sentido de que ela é exatamente o material que Deus queria colocar nesse livro tão importante, com o objetivo de guiar nosso destino espiritual. No entanto, poucos ou talvez ninguém acredite e pratique todas as leis do Antigo e do Novo Testamentos. Nenhum de nós leva pombos para a igreja a fim de sacrificá-los em determinadas épocas do ano. Nós não matamos o novilho cevado, nem enviamos bodes para o deserto como oferta pelo pecado, obedecendo à Lei do Antigo Testamento.

A mesma coisa é verdade sobre o Novo Testamento. Em 1 Timóteo 2:9, Paulo diz que as mulheres não devem adornar-se com tranças no cabelo, ouro ou pérolas. No entanto, praticamente todas as mulheres casadas usam aliança de ouro. Em nossos dias, o cabelo com tranças é considerado um penteado até modesto. No mesmo texto, o apóstolo apela aos homens a que orem "levantando mãos santas" (1 Tm 2:8). Esta não é uma prática comum à maioria das igrejas, hoje. Como analisar e tomar posição frente a estes textos será abordado no capítulo 2: "Como podemos saber o que a Bíblia significa?".

Infelizmente, muitos estão tão acostumados a praticar o literalismo seletivo, que mal sabem ler a Bíblia sem ele. O literalismo seletivo dificulta a experiência e a prática da genuína unidade cristã. Todos escolhem, "literalmente", o que querem praticar.

Uma vez que toda a Bíblia é a Palavra de Deus, é preciso estudá-la por inteiro, com humildade e cuidado, buscando princípios básicos que devem dirigir as ações e que darão um entendimento crescente sobre Deus e o seu povo. Isto significa que não será tomada "uma posição" sobre determinado assunto, até que sejam cuidadosamente examinadas todas as evidências que a Bíblia oferece sobre ele.

5. Podemos nos conformar com respostas simples para questões complexas, até mesmo em detrimento da verdade. Naturalmente, gostaríamos que nossos problemas tivessem soluções simples. No entanto, poucos deles são fáceis de serem resolvidos. Na verdade, porém, a Bíblia tem respostas simples para as questões profundas da vida. Frequentemente, precisamos lidar com questões não respondidas ou com meias-respostas, enquanto continuamos a estudar e a aprender mais sobre Deus e o mundo em que vivemos. O apóstolo Paulo tinha convicção disso quando escreveu em 1 Coríntios 13:12: "... agora conheço em parte, mas então conhecerei como também sou conhecido".

Muitos pregadores e escritores populares dizem ter a "resposta de Deus vinda da Bíblia" para os complexos problemas que enfrentamos, e muitos cristãos correm na direção dessas respostas fáceis. Frequentemente, e às vezes de forma trágica, os crentes descobrem que essas respostas fáceis não funcionam, donde lhes vem grande desilusão. Para os complexos problemas da vida, a Bíblia sugere respostas honestas, mas não necessariamente fáceis.

Como devemos nos aproximar da Bíblia?

Se quisermos obter tudo o que podemos com o estudo da Bíblia, precisamos abordá-la com as atitudes certas. Precisamos de abertura para novas ideias. Se encararmos todas as ideias com a "mente castelo ou fortaleza", imaginando que o nosso trabalho principal é defender as paredes do cristianismo, teremos muito pouco espaço para o crescimento. A Bíblia é um livro de força que tem resistido a todo tipo de ataque durante todos os seus 1900 anos de história (cerca de 2300 anos para o Antigo Testamento). Como em todas as outras áreas de estudo, os acadêmicos constroem sobre o trabalho de seus antecessores e o reavaliam. Não devemos ter medo de examinar ideias novas e de avaliá-las cuidadosamente à luz de todo o ensino bíblico, ainda mais sob a promessa de que o Espírito Santo nos guiará nesse propósito.

É necessário que tenhamos disposição para meditar no que estamos aprendendo, a fim de pensar, por nós mesmos, na maneira em que nosso estudo pode e deve ser colocado em prática em nossa vida. Para que isso aconteça, geralmente é interessante compartilhar ideias e interpretações com outros cristãos, com o objetivo de discuti-las e avaliá-las. Nós aprendemos uns com os outros.

O estudo bíblico é uma atividade árdua. É também um trabalho empolgante e transformador de vida. Estudar a Bíblia pode nos enriquecer como nenhum outro estudo pode fazê-lo.

Questões para discussão

1. Você acha que o que aprendeu sobre a Bíblia, em áreas como batismo com água, batismo com o Espírito Santo, predestinação, segunda vinda de Cristo, influenciam a maneira em que interpreta certas passagens bíblicas?
   a. Você acredita que isso seja bom ou ruim?
   b. Como podemos ter mente aberta para o estudo da Bíblia e, ainda assim, ter convicção sobre aquilo em que cremos?

2. De que maneira você acredita que a "atitude científica", que olha principalmente para as relações de causa e efeito, influencia a maneira com que você interpreta as seguintes passagens bíblicas:
   a. A multiplicação dos pães (Mt 14:12-21);
   b. A visão que João teve da cidade santa (Ap 21:1-4; 10-27)?

CAPÍTULO 2

COMO PODEMOS SABER O SIGNIFICADO DA BÍBLIA?

Com certeza, grande parte dos que lêem este livro já estão convencidos de que estudar a Bíblia é importante. Podemos lê-la, e até adotar programas regulares para nossa leitura; mas continuamos querendo saber mais sobre o que realmente significa o que a Bíblia diz.

Um escritor ou conferencista diz que a Bíblia ensina a necessidade da guerra; outro diz que ela defende o pacifismo. Uma pessoa diz que a Bíblia ensina que Deus criou a mulher para ser submissa ao homem; outra diz que a Bíblia ensina que ambos foram criados com as mesmas responsabilidades e oportunidades. Como pode o mesmo livro ensinar coisas tão opostas? Uma vez que hoje em dia há tantos pontos de vista diferentes entre os cristãos, como podemos saber qual a correta interpretação da Bíblia?

Porque um dia todos teremos de prestar contas a Deus, é fundamental que desenvolvamos uma base para o julgamento das várias interpretações da Bíblia. Uma interpretação saudável da Bíblia exige que duas perguntas sejam feitas diante de todo texto bíblico que nos propusermos a estudar.

Faça duas perguntas

Primeira pergunta:*O que a Bíblia revelava por intermédio do autor e servo de Deus às primeiras pessoas que ouviram ou leram a mensagem que estou estudando?*

A Bíblia não foi escrita no céu e trazida para a terra por um anjo: "Porque a profecia nunca foi produzida por vontade de homem algum, mas os homens santos de Deus falaram inspirados pelo Espírito Santo" (2 Pe 1:21). Pessoas específicas escreveram ou falaram para pessoas específicas, em situações específicas, numa época e lugar específicos.

Precisamos tentar colocar-nos no lugar dos ouvintes ou leitores do tempo em que foi escrito determinado texto bíblico, para entender o que eles pensavam sobre o significado da mensagem entregue pelos profetas que eram dirigidos pelo Espírito Santo e falavam da parte de Deus. É claro que isso exige atenção cuidadosa ao contexto — tema geral — da passagem. Certo conhecimento da história e da cultura da época em que um texto bíblico foi produzido também ajuda na identificação do significado percebido pelos seus primeiros leitores. A mensagem foi escrita primeiramente para eles, e chegou até nós porque podemos aprender algo por meio dos ensinamentos e das experiências registradas naquele primeiro momento.

A segunda pergunta é uma consequência da primeira: *Como devemos entender e aplicar determinado texto (caso ele deva ser aplicado) para as pessoas, hoje?*

Para decidir sobre isso, o intérprete da Bíblia precisa entender que muitos ensinos bíblicos podem ser listados basicamente em duas categorias: 1) ideais elevados, padrões ou normas; 2) leis que regiam a vida das pessoas na época em que estas viviam.

"Ideais elevados, padrões ou normas" são princípios ensinados na Bíblia que devem ser alvo das nossas primeiras considerações, prioritários em tudo o que fazemos. "Leis que regiam a vida das pessoas na época em que elas viviam" tratam de situações específicas, numa época e lugar também específicos, e que não se aplicam necessariamente a todos os povos em todas as circunstâncias por eles vividas.

A Bíblia tem centenas dessas leis que regiam a vida das pessoas onde elas estavam. Essas leis são expostas tanto no Antigo quanto no Novo Testamento. Por exemplo, Levítico 19:19 diz: "... no teu campo não semearás *semente* de mistura, e vestido de diversos estofos misturados não vestireis". Em nossos dias, a maior parte dos que cultivam hortas plantam feijão, rabanete e alface no mesmo terreno e ninguém cita este versículo como uma lei de Deus proibindo essa prática. E grande parte das roupas que usamos hoje são feitas de, no mínimo, "dois tipos de material" — talvez a mistura de algodão e lã, ou linho e poliéster etc. É óbvio que nós não cremos que essas leis sejam válidas para todas as épocas e tenham aplicação universal.

Não há dúvida de que havia boas razões para que essas regras fossem dadas aos hebreus, quando estes saíam do Egito indo para a terra prometida. Qual era essa razão, nós não sabemos; mas a maioria dos cristãos hoje em dia nem sabe que essas leis são encontradas na Bíblia.

Em nossos dias, nem cristãos nem judeus cumprem as leis que, no Antigo Testamento, envolvem o sacrifício de bois, e carneiros, cereais misturados com óleo etc, como oferta queimada em culto a Deus. Um texto bíblico levado muito a sério pelos cristãos é o que revela ter sido Cristo oferecido "uma vez por todas" (Hb 10:2, ARA) por nossos pecados, não havendo mais necessidade de sacrifícios.

No Novo Testamento, há também alguns mandamentos entregues à igreja, ignorados pela maioria dos cristãos de hoje, apesar de terem sido muito importantes, no momento em que foram dados, para as pessoas que os receberam.

Por exemplo, Atos 15 revela que, na igreja primitiva, alguns cristãos judeus acreditavam que eles (e os cristãos gentios) eram obrigados a obedecer às leis do Antigo Testamento, como parte de sua fé. Paulo e Barnabé, que pregaram o evangelho aos gentios, acreditavam não ser necessário que os gentios convertidos obedecessem às leis do Antigo Testamento. Os discípulos discutiram esse assunto por um longo tempo numa reunião especial em Jerusalém.Tomaram, então, uma decisão: "Na verdade pareceu bem ao Espírito Santo e a nós, não vos impor mais encargo algum, senão estas coisas necessárias: Que vos abstenhais das coisas sacrificadas aos ídolos, e do sangue, da *carne* sufocada, e da fornicação..." (At 15:28-29). Esta foi a mensagem enviada às novas igrejas formadas primariamente de gentios convertidos.

Em nosso dias, a maior parte das igrejas também são formadas de gentios convertidos. Além disso, a maioria dessas leis não faz parte da declaração de fé de nossas igrejas. Por quê? Por razões que não podemos descrever, descumprimos essas leis — com exceção ao que se refere à fornicação — que têm particular aplicação para a época e lugar em que foram dadas. As ordens eram dadas a pessoas que viviam onde foram entregues.

Nos Estados Unidos, não há o problema de se comprar carne que tenha sido sacrificada a ídolos. No tempo em que se deram os fatos descritos no livro de Atos dos Apóstolos, as festas de família aconteciam geralmente nos templos pagãos, em que era usada a carne que havia sido oferecida aos ídolos e depois preparada para a festa. Um cristão poderia não ser bem interpretado se participasse de uma refeição feita nesses termos.

O que é o quê?

A questão básica com que temos de lidar é: como podemos distinguir entre "os mais altos padrões e normas" e as "leis que simplesmente regiam a vida das pessoas na época em que a Bíblia foi escrita"? Isso não é tão simples como escolher entre "o que eu gosto e o que você gosta". Pode até haver espaço para diferenças de opinião — mas, com certeza, nesse caso, a diferença é muito menor do que pensamos.

Primeiro, os altos padrões e normas foram enfatizados por Jesus e pelo apóstolo Paulo, além de alguns serem citados como normas de alto valor. Por exemplo, quando Jesus ensinou a "Regra de Ouro", ele disse claramente que aquele era um padrão elevado e absoluto. "Assim, em tudo, façam aos outros o que vocês querem que eles lhes façam; *pois esta é a Lei e os Profetas*" (Mt 7:12, NVI; grifo do autor).

A mesma coisa acontece na discussão sobre o maior dos mandamentos.

> Um deles, perito na lei, o pôs à prova com esta pergunta: "Mestre, qual é o maior mandamento da Lei?". Respondeu Jesus: " 'Ame o Senhor, o seu Deus, de todo o seu coração, de toda a sua alma e de todo o seu entendimento'. Este é o primeiro e maior mandamento. E o segundo é semelhante a ele: 'Ame o seu próximo como a si mesmo'. *Destes dois mandamentos dependem toda a Lei e os Profetas*" (Mt 22:35-40, NVI; grifo do autor).

É claro que Jesus estava reiterando e enfatizando o que diz Levítico 19:18: "... amarás o teu próximo como a ti mesmo: eu *sou* o Senhor".

O apóstolo Paulo transmite a mesma ideia em Romanos 13:8-10:

> A ninguém devais coisa alguma, a não ser o amor com que vos ameis uns aos outros: porque quem ama aos outros cumpriu a lei. Com efeito: Não adulterarás, não matarás, não furtarás, não darás falso testemunho, não cobiçarás, e se *há* algum outro mandamento, tudo nesta palavra se resume: Amarás ao teu próximo como a ti mesmo. O amor não faz mal ao próximo. De sorte que o cumprimento da lei é o amor.

Os preceitos estabelecidos tanto no Antigo quanto no Novo Testamento que parecem contradizer estes "padrões mais elevados", ensinados com tanta clareza por Jesus e seu apóstolo, Paulo, devem ser examinados com cuidado para se saber se são normas para quem viveu no tempo em que foram instituídos, algo específico para lugar e função temporários. Por exemplo, qualquer norma bíblica que pareça colocar um grupo de cristãos acima de qualquer outro grupo — por causa de raça, sexo, idade ou situação financeira — precisa ser examinada, para que possa ser definida ou não como um dos padrões mais elevados sobre relacionamento entre pessoas. Será a "Regra de ouro" — tratar os outros da forma com que eu quero ser tratado — uma norma temporária ou uma determinação local específica?

Outro teste para se avaliarem os padrões mais elevados pode ser feito em relação às afirmações sobre o propósito do ministério de Jesus e o propósito do evangelho. Jesus disse que ele veio para trazer vida abundante para os que o seguem. "... eu vim para que tenham vida, e a tenham plenamente" (Jo 10:10, NVI). Normas que diminuam as oportunidades de crescimento espiritual e serviço devem ser automaticamente consideradas suspeitas, uma vez que contradizem os padrões elevados que promovem a vida plena que Jesus disse ter vindo trazer.

Esses padrões mais altos exigem dos cristãos um entendimento crescente da nova ordem que Jesus proclamou — vinho novo precisa ser colocado em odres novos.

> Ninguém deita remendo de pano novo em vestido velho, porque semelhante remendo rompe o vestido, e faz-se maior a rotura. Nem se deita vinho novo em odres velhos; aliás rompem-se os odres, e entorna-se o vinho, e os odres estragam-se; mas deita-se vinho novo em odres novos, e assim ambos se conservam (Mt 9:16-17).

O evangelho da nova vida em Cristo é o "vinho novo" que não deve ser derramado no odre velho do judaísmo, do paganismo ou do secularismo. O Espírito Santo veio para dar um novo poder à jovem igreja, de maneira que a vida plena em Jesus pudesse ser experimentada.

O novo mandamento dado por Jesus vai, geralmente, de encontro aos padrões do mundo de hoje e do antigo judaísmo, e pode até parecer incompreensível para nós. Por exemplo, os padrões de autoridade nos tempos de Cristo eram muito parecidos com os padrões de autoridade que nos são tão familiares hoje em dia. Jesus, entretanto, estabeleceu um padrão completamente diferente que, ele disse, deveria ser o normal entre os seus seguidores — o padrão de serviço. Cristo não só ensinou o que são a verdadeira liderança e autoridade, como ele mesmo as demonstrou em sua vida assumindo persistentemente o papel de servo entre os seus discípulos e, ao final, entregando sua vida "em resgate por todos". Insistentemente, ele usou seu poder e autoridade para *capacitar* seus discípulos e seguidores a levarem adiante o trabalho do evangelho e demonstrarem o poder do Espírito Santo na "nova criação" que eles haveriam de ser.

O literalismo seletivo na interpretação da Bíblia pode ser e tem sido usado para fazer com que a Bíblia apóie causas que estão longe dos padrões e ideais mais elevados ensinados por Cristo. Essa atitude levou à condenação o cientista Galileu, por ele insistir em afirmar e proclamar que a terra girava em torno do sol. Galileu foi condenado porque "a Bíblia ensina" que o sol parou, em resposta à palavra de Josué. Há cerca de 150 anos atrás, as igrejas do sul dos Estados Unidos insistiam em declarar que a Bíblia aprovava e até recomendava a escravidão, porque Paulo recomendou aos escravos que fossem obedientes a seus patrões (Ef 6:5) e que "cada um fique na vocação em que foi chamado" (1 Co 7:20). Se os que ensinavam que a escravatura era admissível "porque a Bíblia a aprovava" tivessem aplicado os elevados padrões pregados por Jesus sobre tratar os outros da mesma forma com que queremos ser tratados, e que os escravos devem ser capacitados para que desenvolvam todo o seu potencial, a escravidão jamais teria sido apoiada.

A boa interpretação da Bíblia exige que entendamos a diferença entre os padrões mais elevados e as regras estabelecidas para os que viviam situações específicas. Precisamos nos esforçar para perceber como os primeiros ouvintes e leitores das Sagradas Escrituras entendiam a mensagem bíblica à luz de suas particularidades históricas e culturais. Precisamos levar em consideração o contexto literário e histórico de cada passagem bíblica e buscar a orientação do Espírito Santo para compreender o que as Escrituras nos dizem.

Outros princípios importantes

Há alguns outros princípios que não podem ser esquecidos quando lemos a Bíblia.

Primeiro, toda passagem precisa ser estudada dentro do seu contexto literário — tanto o contexto imediato como o contexto de todo o livro. Que objetivo tinha o autor ao escrever este livro? Qual a questão discutida no seu contexto imediato? Por exemplo, qual o assunto tratado em 1 Coríntios 11? Mesmo uma leitura superficial vai mostrar que a questão é a forma com que os homens e as mulheres devem orar e profetizar durante as reuniões públicas na igreja de Corinto. O capítulo *não* se refere ao relacionamento de marido e esposa em casa. Qualquer que seja a mensagem do texto, ele deve ser lido à luz do contexto imediato: orar e profetizar em público. E qual é o contexto da carta aos Coríntios? Quais os problemas básicos discutidos por Paulo nessa epístola? Ele está preocupado em recuperar a ordem e a unidade da congregação. Este princípio sobre a análise do contexto será discutido adiante, no capítulo 7.

Um segundo princípio tem a ver com o contexto histórico e cultural da passagem. Como era a vida na época em que o texto foi escrito? Quais eram as atitudes e hábitos dos que vivam nesse tempo? É muito mais fácil mudar a doutrina das pessoas do que as suas tradições! Normalmente, as mudanças dos tradicionais estilos de vida são demoradas e doloridas. Quanto mais entendermos sobre a vida social e as atitudes do povo (judeus e gentios) nos tempos bíblicos, mais facilmente poderemos entender um texto das Sagradas Escrituras. Este princípio será discutido no capítulo 6.

Em terceiro lugar, precisamos constantemente estudar as traduções da Bíblia. Neste assunto, a maioria de nós depende dos estudiosos que conhecem bem o grego e hebraico, as línguas principais usadas na composição da Bíblia. Os tradutores são humanos e, como todos nós, não conseguem se aproximar do texto bíblico livre de ideias pré-concebidas. Todos temos a tendência de ler a Bíblia à luz das práticas culturais com as quais estamos acostumados e nos sentimos satisfeitos. Isto também é verdade acerca dos tradutores. A consulta a várias versões bíblicas pode ajudar muito no estudo profundo de um texto. Em qualquer língua, a maior parte das palavras pode ter mais de um significado. O significado escolhido pelo tradutor tende a ser o que melhor se encaixa às ideias por ele pré-concebidas e às tradições por ele desenvolvidas. No esforço para traduzir o texto de maneira a que o sentido seja claramente apresentado, o tradutor é influenciado pela própria maneira de crer e entender.

Em quarto lugar, precisamos interpretar um texto à luz de outros escritos e práticas do mesmo autor. Não devemos interpretar a Bíblia considerando a maneira em que Cristo ou o apóstolo Paulo ensinam algo que seja contrário à prática defendida por eles mesmos. Por exemplo, podemos interpretar 1 Timóteo 2:12 como se o apóstolo estivesse dizendo que as mulheres não podem *nunca* ensinar aos homens. No entanto, Paulo revela que Priscila ensinou Apolo na cidade de Éfeso, para onde a carta de 1 Timóteo foi endereçada. É bom lembrar também que Paulo fez vários elogios a Priscila.

Em quinto lugar, precisamos interpretar a Bíblia integralmente — à luz de toda a mensagem que recebemos de Deus — particularmente, de acordo com a revelação de Deus na pessoa de Jesus Cristo, seu Filho.

Princípios básicos para a leitura da Bíblia

1. Estude todas as passagens dentro do seu contexto literário. O contexto literário inclui os versículos imediatamente seguintes ao texto e também a relação destes com o livro por inteiro.

2. Reconheça que o ambiente social, histórico e cultural revelado na passagem bíblica é diferente do ambiente em que vivemos hoje. Portanto, você deve tentar entender a passagem de acordo com essas diferenças.

3. Geralmente, as traduções expressam a compreensão dos tradutores. Assim, ao estudar uma passagem, compare várias traduções ou versões bíblicas, na tentativa de descobrir o significado mais próximo de determinada palavra, expressão ou frase.

4. Interprete cada passagem à luz do que o autor escreveu em outros textos.

5. Interprete a Bíblia de maneira integral. Isto significa interpretar a Bíblia considerando a sua mensagem como um todo.

Questões para discussão

1. Você acredita que o individualismo de nossa cultura ocidental nos faz ler o texto de Efésios 1:15-21 de uma forma diferente daquela em que os cristãos de Éfeso talvez o tenham lido?

2. Leia 1 Timóteo 5. Que partes deste capítulo apresentam normas para as pessoas que viviam a situação ali descrita, e que partes expressam e ilustram padrões mais elevados, que podem ser encontrados em outros textos bíblicos?

CAPÍTULO 3

O QUE TORNA A BÍBLIA DIFERENTE?

A Bíblia é diferente de outros livros? Sim e não. Em alguns aspectos importantes ela é igual a outros livros; em outros aspectos, também importantes, ela é bem diferente. Como outros livros, a Bíblia foi escrita para um povo que vivia uma situação histórica específica, num local geográfico específico e num contexto cultural também específico, o que influenciava o pensamento da época. A Bíblia não foi escrita num vácuo cultural e histórico. Por exemplo, a carta de Paulo a Filemom trata da crise entre um escravo fugitivo e seu dono. Era uma situação comum naquela época e naquele local. O que Paulo diz na carta, entretanto, traz luz sobre importantes verdades do evangelho e tem uma mensagem para nós hoje.

Como outros livros, a Bíblia revela uma variedade de estilos literários de acordo com seus vários autores. Entre estes há uma diferença significativa no vocabulário, na qualidade de estilo, na dificuldade com as palavras. O evangelho de Lucas e o livro de Atos, por exemplo, apresentam um vocabulário grego mais rico do que muitos outros livros do Novo Testamento. A segunda carta de Pedro é conhecida entre os estudiosos do grego pela sua estrutura gramatical complicada.

Como muitos livros antigos, a Bíblia apresenta muitas formas diferentes de literatura, como história, poesia, parábolas, cartas e textos apocalípticos. Contém um extensivo material histórico sobre o povo hebreu, sobre a vida de Cristo e sobre o início da igreja. Encerra também algumas das mais belas poesias do mundo, como o livro de Salmos e o livro de Jó. Entre as cartas famosas, muito poucas foram lidas e estudadas tão intensamente por tanta gente como as cartas de Paulo contidas no Novo Testamento.

A Bíblia, contudo, é também diferente dos outros livros de uma forma significativa. Sua diferença principal é ser um livro que apresenta uma mensagem singular capaz de atingir a necessidade das pessoas. Esta é a mensagem bíblica: Deus quer se relacionar conosco, e Deus providenciou uma forma pela qual esse relacionamento se tornou possível.

A Bíblia não apenas tem uma mensagem singular, mas reivindica a autoridade de Deus com essa mensagem. Seus autores dizem ter sido inspirados por Deus.

A Bíblia reivindica autoridade vinda de Deus

A autoridade da Bíblia emana de Deus — o Deus que age; o Deus que fala. Por todo o Antigo Testamento, os autores insistem em dizer que Deus fala — às vezes, ao profeta, às vezes, ao rei, ao sacerdote ou ao povo. Às vezes, Deus fala aos quatro ao mesmo tempo, como nos dias da profetisa Hulda. Josias, um rei temente a Deus, enviou Hilquias, o sacerdote, a Hulda, a profetisa, para ouvir a palavra de Deus que deveria ser transmitida ao povo (2 Reis 22:1—23:25).

No Antigo Testamento, são usadas várias palavras e expressões hebraicas, para indicar que Deus está falando. Uma delas é a palavra *neum*, que aparece em várias formas diferentes, todas referindo-se à manifestação ou declaração de Deus, como: "a manifestação do Senhor dos exércitos", "a manifestação de Deus, o Senhor dos exércitos" e "a manifestação do Rei cujo nome é o Senhor dos exércitos". O termo "manifestação" é usado 366 vezes em referência a Deus — geralmente, nos escritos proféticos. Em Jeremias, o termo é usado mais de 100 vezes e, em Ezequiel, 85 vezes. Em cada uma dessas ocasiões, o contexto enfatiza que a declaração é proferida pelo Senhor que convoca o povo para ouvir o que Deus lhe está dizendo.

Outra palavra hebraica — *'amar* — também significa "falar". É usada frequentemente em discursos corriqueiros, mas também com regularidade quando quem fala é o Senhor. O verbo aparece 525 vezes no Antigo Testamento.

Como *'amar* e *neum,* o termo *davar* é usado com frequência quando Deus traz uma palavra de juízo ou bênção, demonstrando que o Senhor estava no meio do povo. *Davar* é usado também como substantivo, com o significado de "discurso" ou "palavra". O termo é empregado 394 vezes no Antigo Testamento, com referência à "palavra de Deus".

O Novo Testamento tem a mesma autoridade que o Antigo Testamento. Jesus proclamou as boas-novas, e os que o ouviram disseram: "Nunca homem algum falou assim como este homem" (Jo 7:46). Jesus também operou muitos milagres e os eventos vividos por ele foram sem precedentes. "Nunca tal vimos" (Mc 2:12), disse alguém ao observá-lo. Mesmo assim, todos esses fatos, por mais singulares que tenham sido, foram ofuscados pela morte e ressurreição de Jesus. A autoridade do Novo Testamento está na pessoa de Jesus — seus atos, suas palavras, e a proclamação das boas-novas do evangelho pelos seus discípulos.

A Bíblia reivindica a inspiração

Em qualquer discussão que se faça sobre a Bíblia é preciso considerar dois fatores importantes: primeiro, o que os autores bíblicos falam sobre sua inspiração; e segundo, o que os escritos demonstram sobre a natureza dessa inspiração.

Os autores bíblicos dizem que foi a ação de Deus que deu origem às Escrituras do Antigo Testamento. Paulo escreveu:

> Toda a Escritura divinamente inspirada é proveitosa para ensinar, para redarguir, para corrigir, para instruir em justiça; para que o homem de Deus seja perfeito, e perfeitamente instruído para toda a boa obra (2 Tm 3:16, 17).

Pedro escreveu:

> Sabendo primeiramente isto: que nenhuma profecia da Escritura é de particular interpretação. Porque a profecia nunca foi produzida por vontade de homem algum, mas os homens santos de Deus falaram inspirados pelo Espírito Santo (2 Pe 1:20, 21).

Quando Paulo escreveu sua carta a Timóteo, e quando Pedro escreveu sua epístola, eles estavam se referindo ao Antigo Testamento como "Escritura". Essas eram as "Escrituras" que eles conheciam. No entanto, o mesmo processo que trouxe o consenso sobre que escritos deveriam ser incluídos no Antigo Testamento aconteceu em relação ao Novo Testamento. Assim, as afirmações de Paulo e Pedro sobre a inspiração das Escrituras se tornaram parte do Novo Testamento. (v. cap. 5, "Como a Bíblia foi escrita e compilada"). Tanto Paulo quanto Pedro apresentam a inspiração divina por meio de um senso de urgência na mensagem, no sentido de que os autores humanos haviam sido inspirados e dirigidos pelo Espírito Santo. Podemos dizer que a Bíblia tem uma co-autoria: o controle de Deus.

A "inspiração verbal" refere-se à linguagem da inspiração, envolvendo a associação inteligente de palavras de acordo com o padrão de pensamento do autor. Talvez fosse isso que Paulo tinha em mente quando escreveu aos Coríntios: "As quais também falamos, não com palavras de sabedoria humana, mas com as que o Espírito Santo ensina..." (1 Co 2:13).

Para muitos profetas do Antigo Testamento e para Paulo, existe um senso de que a *mensagem* era inspirada — tenha ela sido dada oralmente ou por escrito. Pedro declarou que "homens santos de Deus falaram inspirados pelo Espírito Santo" (2 Pe 1:21). Em nossos dias, quando nos chega às mãos uma enxurrada de material escrito, temos muita dificuldade para perceber a importância da mensagem *oral* para as culturas que não conheceram a impressão. A maior parte das inspiradas mensagens dos profetas do Antigo Testamento foi primeiro transmitida ao povo por meio de palavras e só mais tarde colocada na forma escrita.

Esta sensação de inspiração divina nas mensagens orais é confirmada por Paulo, quando escreve aos Tessalonicenses: "Pelo que também damos sem cessar graças a Deus, pois, havendo recebido de nós a palavra da pregação de Deus, a *recebestes*, não como palavras de homens, mas (segundo é, na verdade), como palavra de Deus, a qual também opera em vós, os que crestes" (1 Ts 2:13; grifo do autor). Aparentemente, Paulo cria que tanto a sua palavra *falada* sobre o evangelho como a sua palavra escrita eram inspiradas por Deus. Neste aspecto, Paulo está no mesmo patamar em que se encontram os profetas do Antigo Testamento.

O *"como" se deu a inspiração não está revelado explicitamente na Bíblia.* Esta reivindica claramente a sua inspiração divina. De que maneira exata, porém, se deu essa inspiração? Os autores bíblicos sentaram-se e escreveram o que o Espírito de Deus soprou em seus ouvidos, como uma secretária que escreve o que lhe é ditado por seu superior? Aparentemente não, porque os autores da Bíblia mostram grandes diferenças de estilo e vocabulário.

A inspiração significa que todo o material produzido veio diretamente de Deus, na forma de visões ou sopro divino, independentemente da fonte humana? De forma nenhuma. É verdade que a Bíblia é a palavra de Deus em linguagem humana. Além disso, a Bíblia tem a co-autoria do controle divino.

A pessoa de Deus e sua verdade foram reveladas muitas vezes a seus servos por intermédio de sonhos, visões, e outros meios. Algumas vezes, Deus deu a esses homens inspirados a interpretação de fatos significativos, como a morte e ressurreição de Cristo. O significado desses eventos chegam até nós por meio das cartas do Novo Testamento, bem como por meio dos Evangelhos.

No entanto, os autores da Bíblia muitas vezes usaram informações que receberam no seu tempo e em sua cultura. Fizeram uso de fontes que lhes eram disponíveis por documentos e informações recebidas por eles por intermédio da palavra falada. Por exemplo, Lucas escreve no prefácio do seu evangelho as seguintes palavras:

> Tendo pois muitos empreendido pôr em ordem a narração dos fatos que entre nós se cumpriram, segundo nos transmitiram os mesmos que os presenciaram desde o princípio, e foram ministros da palavra, pareceu-me também a mim conveniente descrevê-los a ti, ó excelente Teófilo, por sua ordem, havendo-me já informado minuciosamente de tudo desde o princípio, para que conheças a certeza das coisas de que já estás informado (Lc 1:1-4).

Lucas diz claramente ter coletado, de testemunhas oculares, material sobre a vida de Cristo.

No Antigo Testamento, tanto nos livros de Reis como nos de Crônicas, os autores fazem referência a relatos antigos sobre a vida dos reis. Em 2 Reis 15, há sete referências a antigos relatos encontrados no livro das crônicas dos antigos reis de Israel ou Judá (2 Rs 15:6, 11, 15, 21, 26, 31, 36, KJV). Não é uma referência aos livros de 1 e 2 Crônicas da Bíblia mas a escritos antigos que não existem mais. Referências às "crônicas de Semaías, o profeta, e a Ido, o vidente" aparecem em 2 Crônicas 12:15 e em muitas outras passagens. O "livro dos atos de Salomão" é mencionado em 1 Reis e em 1 e 2 Crônicas.

Nem sempre os autores bíblicos escreveram com a precisão acurada que se exige dos escritos acadêmicos de hoje. Eles fizeram uso de aproximações em relação ao tempo, distância e números. Usaram identificações gerais e populares descrições familiares para o seu tempo.

Guiados por Deus, os autores da Bíblia escreveram na forma e no padrão comum de seu tempo, assim como nós escrevemos na forma e no padrão do nosso tempo. Se não tivessem agido assim, seus escritos teriam sido considerados muito peculiares pelos primeiros leitores. Quando analisamos o propósito principal desses autores, podemos perceber o quanto de cuidado e dedicação eles devotaram ao seu propósito, e como Deus guiou o trabalho feito por eles de maneira que pudesse ser usado ao longo dos séculos.

Os quatro Evangelhos que falam sobre a vida de Jesus apresentam várias diferenças em detalhes. Essas diferenças dão vitalidade e autenticidade aos relatos. Se quatro pessoas presenciam um acidente de automóvel, com certeza elas vão descrevê-lo de maneiras diferentes, ainda que a maior parte do relato seja a mesma. Acontece mais ou menos a mesma coisa com o relato que os Evangelhos fazem sobre Jesus. Especialmente no que diz respeito à última semana antes da crucificação, que os quatro evangelistas descrevem com certo detalhe. A diferença revela que as informações foram colhidas das testemunhas oculares e que a igreja primitiva não se preocupou em arrumar e harmonizar as informações, como alguns imaginam ter acontecido.

À luz das declarações dos autores bíblicos e da forma pela qual eles agem, fica claro que de tal maneira a inspiração envolve a ação de Deus na vida e nas palavras de servos escolhidos, que as Escrituras por eles produzidas dão aos leitores a sensação clara das verdades que Deus lhes deseja transmitir. Na Bíblia, temos tudo o que Deus escolheu preservar para que possamos conhecer a verdade genuína entregue por ele às gerações passadas.

Depois de examinar milhares de passagens bíblicas, os autores desta obra concluíram que a Bíblia ensina a verdade em todos os assuntos de que ela trata, de acordo com os padrões e formas de expressão da verdade nos tempos antigos. As Escrituras ilustram também a verdade, mostrando que o erro — idolatria, engano, falsidade e todas as formas de mal — gera tragédia.

A Bíblia tem unidade

A Bíblia é formada por sessenta e seis "livros" independentes um do outro, escritos e editados durante um período de aproximadamente 1400 anos. O que faz com que esses sessenta e seis livros permaneçam juntos? Será mesmo que estão juntos? O que dá unidade a esse material tão amplo? Vários temas básicos importantes unem os livros da Bíblia.

O Antigo e o Novo Testamentos enfatizam a ação de Deus como criador. A criação é multifacetada, mas uma ideia é constante durante todo o tempo: Deus trouxe à existência tudo que existe. Deus fez tudo e continua a fazer o que é necessário para cumprir o propósito que ele tem em mente.

Na maioria das vezes, pensamos na criação como o ato de fazer o universo e tudo o que tem vida. Criação, entretanto, é mais do que isso. Envolve também a ação criativa de Deus na transformação de um rebelde em um discípulo. Isso é parte da atual ação criativa de Deus.

Criação também é futuro. Os aspectos do futuro dão sentido e unidade à Bíblia e à história (v. Is 65:17; 2 Pe: 3:13; Ap 21:22). A história começa e termina com a criação, quando a extinção do pecado e da rebelião contra Deus são o clímax da "nova criação".

Os livros da Bíblia atraem-se uns aos outros pela ação abrangente de Deus sobre o povo de Israel e sobre o restante da humanidade. O tema promessa e cumprimento permeia toda a história de Israel desde o tempo em que Deus falou com Abraão, prometendo-lhe que ele seria o começo de uma nova nação (Gn 12:2), até o nascimento de Jesus, o Messias de Israel. Deus renovou promessas a Israel, deu novas promessas, esclareceu promessas antigas e cumpriu outras tantas promessas. O tema "promessa e cumprimento" para Israel e para o resto da humanidade continua desde a vinda de Cristo.

A ação de Deus em Cristo unifica a Bíblia. A vida e a obra de Cristo têm mais significado do que os fatos acontecidos durante a sua vida na terra, pois ele unifica a história e as Escrituras.

Cristo deu sentido a toda a ação de Deus no passado. Paulo escreveu: "Mas, vindo a plenitude dos tempos, Deus enviou seu Filho, nascido de mulher, nascido sob a lei, para remir os que estavam debaixo da lei, a fim de recebermos a adoção de filhos" (Gl 4:4, 5).

Cristo também deu sentido a tudo o que Deus faria no futuro. Ele cumpriu as promessas do Antigo Testamento e veio para fazer discípulos de todas as nações. Tornou o conceito de "povo de Deus" muito mais abrangente do que os hebreus do Antigo Testamento jamais entenderam. Surge no Novo Testamento a ideia da solidariedade do povo de Deus em Cristo.

Ainda assim, o conceito abrangente e atual de povo de Deus vinha se desenvolvendo lentamente através da história: "Nisto não há judeu nem grego; não há servo nem livre; não há macho nem fêmea; porque todos vós sois um em Cristo Jesus" (Gl 3:28). Esta foi a declaração de Paulo à igreja primitiva, uma ideia revolucionária que ainda não se desenvolveu completamente.

Apesar de o Novo Testamento revelar que as distinções entre judeus e gentios acabaram, o anti-semitismo continua vivo. A escravidão ainda existe sob várias formas econômicas e emocionais. A discriminação pessoal continua presente. Esses fatos, porém, não anulam a força unificadora da ação de Deus em Cristo. A igreja cristã tem de ser um modelo visível de como será a vida quando o reino de Deus vier, quando a vontade de Deus se fizer na terra como nos céus (Mt 6:10).

A ação criativa de Deus entre os crentes em Cristo unifica a Bíblia. No Antigo Testamento, as pessoas estavam divididas em dois grupos — judeus e gentios. No Novo Testamento, entretanto, um terceiro grupo é criado por Deus. Os que se ligam a Cristo (sejam eles judeus ou gentios) tornam-se uma nova humanidade (v. Ef 2:15). A criação deste terceiro grupo é a maneira de Deus promover a paz entre judeus e gentios, porque ambos são transformados em algo novo e distinto — a igreja.

A maior parte do Novo Testamento consiste de cartas escritas para igrejas, grupos de pessoas ou cristãos espalhados por uma área geográfica abrangente. Eles tinham problemas e costumes diferentes, mas estavam unidos pelo laço vivo do Cristo ressuscitado. Estavam unidos num único corpo, com apenas uma fonte de vida — Cristo, o cabeça. Como cristãos, eles foram chamados a viver um novo estilo de vida diferente do "vinho velho" do judaísmo. O Espírito Santo trabalhava neles, ensinando, guiando, desafiando-os a crescer no corpo de Cristo.

A Bíblia tem diversidade

A diversidade da Bíblia é quase tão surpreendente como sua unidade; e isso enfatiza o seu caráter singular.

A ação de Deus varia no seu tratamento com as pessoas. Todos nós vivemos a vida e constantemente nos surpreendemos com as coisas que Deus faz ou deixa de fazer. A maneira em que Deus se relaciona com o apóstolo Paulo é um bom exemplo disso. Paulo esteve preso várias vezes em Jerusalém, Cesareia e Roma. Cada uma de suas experiências na prisão foi diferente da outra, assim como a ação de Deus, em relação a Paulo, foi uma em cada situação. Deus escolheu usar as experiências de Paulo na prisão tanto quanto as experiências vividas pelo apóstolo livre de cadeias, usando todas elas para o desenvolvimento do evangelho.

As pessoas reagem de maneiras diferentes à direção divina. Algumas vezes, a nação de Israel governou a si mesma, como no período dos juízes e durante o reinado de Saul, Davi e Salomão. No entanto, depois desse período, por várias vezes Israel foi oprimido por outros povos. A situação oscilava como um pêndulo, de uma condição para outra, e assim também a reação do povo.

Durante o reinado de Josias (640 a 609 a.C.), a nação prosperou e adorou a Deus. Os israelitas também prosperaram durante o reinado de Salomão, mas no final de seu reinado eles começaram a se distanciar de Deus. Algumas vezes, o juízo de Deus levou-os ao arrependimento, como no tempo de Neemias (v. Ne 8). Em outras ocasiões, como nos dias de Jeremias e Amós, o povo reagiu aos profetas com ódio e ressentimento.

O objetivo dos autores produz diversidade. O evangelho de João é uma interpretação da vida de Jesus num sentido muito mais teológico do que o apresentado no evangelho de Marcos. A diferença na apresentação e no propósito dos autores é facilmente percebida por um estudioso cuidadoso.

Os mensageiros de Deus tinham perspectivas variadas e também limitadas, o que produz a diversidade. Quando examinamos seriamente os ensinos bíblicos sobre as doutrinas como a segunda vinda de Cristo, como e por que os crentes são "eleitos", ou os ensinos relacionados ao batismo e à ceia do Senhor, percebemos que há diferenças nas ênfases e interpretações dos autores bíblicos assim como entre os intérpretes da Bíblia ao longo do tempo. Os cristãos têm apresentado diferenças significativas sobre a forma com que as passagens a respeito de determinado tema podem ser integradas.

A maioria de nós, em nossos momentos mais honestos, admitimos que não temos *toda* a verdade. Aceitamos essa verdade (pelo menos na teoria) sem muito desconforto. Está claro também que nenhum dos servos inspirados por Deus recebeu *toda* a verdade. Paulo disse claramente: "Porque, em parte, conhecemos, e em parte profetizamos; mas, quando vier o que é perfeito, então o que é em parte será aniquilado [...] agora conheço em parte, mas então conhecerei como também sou conhecido" (1 Co 13:9-12).

Cada autor ou pregador bíblico teve uma perspectiva intencionalmente limitada por Deus. Cada um recebeu fragmentos da verdade. Mesmo que fosse possível integrar perfeitamente todos os fragmentos que Deus revela nas Escrituras — o que já seria uma tarefa enorme — o resultado continuaria fragmentado.

Um dia, a nossa perspectiva limitada será substituída por um entendimento completo. Uma vez que Deus é o poder unificador no meio da diversidade, sabemos que a diversidade é tão importante para Deus como a unidade.

A Bíblia nos fala sobre Deus

Deus não nos deu a Bíblia para divertir a nossa imaginação nem para dar subsídios a profundos debates teológicos. As Escrituras nos foram dadas para que pudéssemos conhecer a Deus. O ápice da revelação está na vinda de Jesus Cristo, o Deus encarnado. A Bíblia nos revela Deus para que possamos ter uma relação viva com o Deus vivo.

Por meio da Bíblia, podemos aprender por nós mesmos o que Deus quer para nós; aprender sobre Deus, e nosso relacionamento com ele. A Bíblia é o livro mais importante jamais escrito. Se quisermos realmente saber o que Deus nos está dizendo, será necessário um estudo cuidadoso das Escrituras Sagradas. Isto sim será uma interpretação saudável.

A Bíblia é o nosso guia no conhecimento de Deus. "A exposição das tuas palavras dá luz; [...] A tua palavra é a verdade..." (Sl 119:130, 160).

Questões para discussão

1. De que maneira a Bíblia reivindica ter sido inspirada?

2. Os autores de Entendendo as Escrituras dizem que a Bíblia é "um estudo de casos sobre Deus lidando com as pessoas". Você pode se lembrar de algum exemplo disso e como podemos aprender com esse "estudo de casos"?

3. Que razão você encontra para que livros como Reis e Crônicas (que detalham a história dos reis de Israel e Judá) estejam na Bíblia?
   a. Em que sentido esses livros fazem parte da revelação de Deus para nós?
   b. O livro de Ester não menciona o nome de Deus. De que maneira ele pode ser parte da revelação divina?

4. Você acha que todos os sessenta e seis livros da Bíblia são igualmente "a palavra de Deus"? Por que sim? Ou por que não?

CAPÍTULO 4

O QUE SE DEVE OBSERVAR NAS TRADUÇÕES DA BÍBLIA

Não é fácil traduzir ideias de um idioma para outro. Um bom tradutor precisa dominar muito bem os dois idiomas — o original e aquele para o qual a tradução está sendo feita. A maioria de nós tem dificuldade de encontrar as palavras certas no próprio idioma para expressar sentimentos, ideias ou fatos que queremos comunicar. Além disso, muitas vezes somos mal interpretados pelas pessoas que nos ouvem ou que lêem o que escrevemos. "Sim, foi isso mesmo que eu disse (ou escrevi), mas você entendeu mal o que eu quis dizer". Muitos de nós já dissemos ou já ouvimos dizer isso. A comunicação é difícil, mesmo em condições ideais.

Uma das razões por que a comunicação escrita é difícil é que o tom da nossa voz ou a nossa expressão facial geralmente revelam mais do que as palavras que usamos para nos comunicar. Na escrita, é claro, não temos o tom da voz nem a expressão facial; há, porém, algumas nuances usadas por nós na maneira em que formamos nossas frases. Alguém que traduz um texto para outro idioma precisa tentar capturar essas nuances, refraseando-as de acordo com as expressões do outro idioma, e, ainda assim, comunicar as facetas importantes do significado. Porque é tão difícil traduzir uma mensagem, muitas vezes uma tradução revela o sentimento ou intenção do tradutor em lugar de revelar o que quis dizer o autor ou o orador original.

A Bíblia não está isenta das limitações intrínsecas à comunicação escrita simplesmente por ser ela é a Palavra de Deus. É preciso reconhecer e recolocar as frases, as expressões, as idiossincrasias dos antigos idiomas em que a Bíblia foi escrita, se quisermos ser bem sucedidos como tradutores e intérpretes. Boas traduções ajudam os que não são especialistas a reconhecer e superar as limitações da comunicação escrita de Deus.

Os três idiomas da Bíblia

Cada um dos três idiomas em que a Bíblia foi escrita originalmente — aramaico, hebraico e grego koine — apresenta problemas específicos para o tradutor.

O aramaico foi usado em quase seis capítulos de Daniel, em partes ou no todo de quatro capítulos de Esdras, em um verso de Jeremias (Jr 10:11) e em um verso de Gênesis (Gn 31:47). O idioma aramaico foi extinto há muitos séculos. Para entender o sentido das palavras, a gramática e a estrutura das sentenças, os tradutores dependem totalmente de textos muito antigos como os Papiros de Elefantine, que contêm cartas, contratos e histórias da comunidade.

Felizmente, os trechos bíblicos escritos em aramaico não são muitos; o aramaico é uma espécie de primo-irmão do hebraico. É um idioma importante, pois era usado no dia a dia dos judeus, na Palestina, desde 350 a.C. até os dias de Cristo. Provavelmente, era esse o idioma nativo de Jesus e dos apóstolos.

O hebraico, idioma no qual a maior parte do Antigo Testamento foi escrito, morreu como um idioma falado por volta de 300 a.C. No entanto, ele voltou a ser usado no Estado de Israel de hoje. Embora o hebraico moderno seja baseado no antigo, já sofreu muitas alterações significativas porque há muitas palavras novas que precisaram ser incluídas para que o idioma pudesse ser atualizado com o tempo e cultura atuais. Isso não é nenhuma surpresa porque os idiomas são dinâmicos — estão sempre mudando e se desenvolvendo. Mesmo o hebraico usado na composição dos livros mais antigos do Antigo Testamento — Gênesis, Jó — não é o mesmo usado nos livros mais recentes da Bíblia, como Esdras e Neemias.

O grego koine, idioma no qual o Novo Testamento foi escrito, representa certo período no desenvolvimento do idioma grego. Como muitos outros idiomas, o grego moderno parece ter murchado — tornou-se mais simples, com menor número de substantivos, menor número de tempos verbais. O grego do Novo Testamento é bem diferente do grego moderno.

O mistério dos idiomas bíblicos exige uma vida inteira de estudos. Muitos estudiosos sérios dedicaram sua vida a essa pesquisa, e todos que estudam a Bíblia se têm beneficiado do trabalho por eles desenvolvido.

A maioria dos cristãos sabem muito pouco sobre os idiomas em que a Bíblia foi escrita, e não se tornarão especialistas nessas línguas. Todos, porém, podem ter noção dos problemas envolvidos nesses idiomas e das limitações que eles impõem. Assim, terão menos possibilidade de cometer erros de interpretação da Bíblia que surgem facilmente quando, de maneira errada, certas palavras são enfatizadas, ou ensinos importantes são baseados em textos isolados.

Os idiomas da Bíblia eram usados mais oralmente do que por escrito

Toda a Bíblia foi escrita muitos séculos antes da invenção da imprensa. Os idiomas bíblicos (hebraico, aramaico e grego) eram muito mais falados do que escritos. A maioria das pessoas não podia ler ou escrever. Portanto, praticamente toda a comunicação era falada. A história, os fatos e acontecimentos eram passados adiante de forma oral, de uma geração para outra. A palavra falada era muito mais importante para as pessoas daquela época do que é para nós hoje.

No hebraico e no aramaico antigos, as palavras eram *escritas sem as vogais*. Por essa razão, a pronúncia correta das palavras nesses idiomas está envolvida em certo mistério. Apenas as consoantes eram escritas e a palavra era determinada pelo contexto.

Nem sempre é fácil determinar as vogais de uma palavra pelo contexto em que ela está inserida. Se este princípio fosse aplicado ao português, as palavras firme, firma, forma, fórum teriam sido escritas com apenas três letras: frm. Numa sentença como "ele escolheu a frm", poderia ser lido "ele escolheu a firma, o fórum, a forma".

Entre os anos 500 e 600 d.C. — séculos *depois* de o idioma hebraico ter desaparecido como uma linguagem falada —, um grupo de estudiosos chamados massoretas, decidiu que algo deveria ser feito para preservar a pronúncia das palavras hebraicas. O texto hebraico havia sido transmitido durante séculos por meio de cópias manuais, e estava todo escrito sem consoantes. Os massoretas acrescentaram às palavras hebraicas "pontos como vogais". Colocando esses pontos em determinada posição — em cima, embaixo, no meio — em relação à consoante, esses estudiosos indicaram qual era a vogal que eles entendiam pertencer àquelas palavras. Esse texto tornou-se o texto massorético. Ao mesmo tempo que nos ajuda, esse texto não tem de forma nenhuma um consenso absoluto. Afinal, não havia como os massoretas terem certeza absoluta das vogais que compunham a palavra — como em "frm", podia significar firma, forma ou firme —, se o contexto não fosse absolutamente claro.

No Antigo Testamento, há muitas passagens em que o sentido original não é claro. Por exemplo, em Hebreus 11:21, o autor descreve assim a morte de Jacó: "Pela fé Jacó, próximo da morte, abençoou cada um dos filhos de José, e adorou encostado à ponta de seu *bordão*" (grifo do autor). Já em Gênesis 47:31, o relato sobre o mesmo episódio é descrito assim: "... e Israel [Jacó] inclinou-se sobre a cabeceira da *cama*" (grifo do autor).

Por que a diferença? O texto hebraico tem o equivalente às seguintes letras: MTTH. Os tradutores da versão grega do Antigo Testamento — a Septuaginta — usada pelo autor da carta aos Hebreus entenderam que as vogais que deveriam ser acrescidas ao texto formavam a palavra *matteh*, que significa “cajado” ou “bordão”. Os que mais tarde prepararam o texto massorético e outros estudiosos do hebraico entenderam que as vogais deveriam formar a palavra *mittah*, que significa “sofá” ou “cama”. Como resultado, a versão em português usa, em Gênesis, o termo “cama”, e em Hebreus, o termo “cajado”.

Hebraico e grego, dois idiomas ricos.

O hebraico é um idioma rico; o grego é mais rico, ainda. O vocabulário desses idiomas era tão extenso, que permitia sutilezas de significado. A gramática e a sintaxe eram capazes de expressar diferenças ínfimas. Dificilmente, o inglês [e, no caso, o português] pode fazer o que essas línguas faziam. Na maioria das vezes, nossa língua não consegue expressar tudo o que os idiomas bíblicos expressam.

Em alguns casos, as diferenças entre os idiomas é suficiente para transmitir uma ideia errada. Por exemplo, no inglês, não há diferença entre o “you”, singular, e o “you”, plural. Numa sociedade altamente individualista como a nossa, a tendência é ler o “you” sempre como uma referência ao indivíduo. Nas Escrituras, porém, produzidas numa cultura que valorizava a solidariedade do grupo, o “you” é quase sempre plural.

Filipenses 1:6 diz: “Tendo por certo isso mesmo, que aquele que em vós começou a boa obra a aperfeiçoará até ao dia de Jesus Cristo”. Em inglês, costumamos ler este texto como uma promessa individual:[1] “aquele que em *mim* começou a boa obra”. No entanto, o texto grego nos mostra que, neste caso, o “*you*” é plural. Ele

[1] Esta é uma questão que não surge nas versões em português, mas que ilustra bem o problema. (N. do T).

está se referindo ao grupo — à igreja de Filipos. Assim, o sentido muda de uma promessa individual para uma promessa entregue a um grupo, segundo a qual a igreja de Cristo vai prevalecer: "Aquele que começou a boa obra em "*you*" (nós), há de completá-la até o dia de Cristo Jesus".

Como podemos saber quando determinado termo de nosso idioma é empregado como singular ou plural no grego? Uma das maneiras é consultando um bom comentário (veja a bibliografia no final deste livro). As diferenças podem ser também percebidas mediante consulta de várias versões, onde a forma em que os tradutores organizaram a sentença deixa claro se a palavra está no singular ou no plural.

Às vezes, um estudo cuidadoso do contexto pode nos ajudar a discernir o pensamento do autor. Na verdade, Filipenses 1:6 é um bom exemplo disso. Raramente, porém, estudamos, como deveríamos, as passagens dentro de seu contexto.

Nos idiomas bíblicos, os verbos têm uma força muito maior do que têm os verbos nos idiomas correntes nos tempos atuais. O grego tem o tempo aoristo, que expressa totalidade ou plenitude da ação. Tem também os tempos perfeitos (passado, presente e futuro) que descrevem o estado e o efeito definitivo da ação. E ainda os tempos presente e imperfeito, que descrevem ações contínuas. Embora os idiomas contemporâneos tenham tempos compostos, estes não são usados com a mesma liberdade que os equivalentes em grego. Os tradutores têm de se submeter às distintas sutilezas do idioma original e se esforçar para tornar uma tradução boa para a leitura, produzindo uma linguagem contemporânea.

Uma tradução literal de 1 Coríntios 1:18 seria esta: "Pois a palavra da cruz é para aqueles que estão perecendo, loucura; mas para aqueles que estão se salvando, poder de Deus". O verbo no grego está no particípio presente. Este tempo é difícil de colocar em outro idioma. A versão Revista e Corrigida diz: "Porque a palavra da cruz é loucura para os que perecem; mas para nós, que somos salvos, é o poder de Deus". A ideia de processo quase se perde na tradução. A

Nova Versão Internacional tem a tradução mais próxima do grego: "para os que estão perecendo" e "que estamos sendo salvos".[2]

A maioria dos estudantes da Bíblia jamais conhecerá suficientemente o grego ou o hebraico para fazer uso dessas pequenas distinções de significado nesses idiomas. No entanto, podemos reconhecer nossas limitações e, por causa disso, evitar fazer certas afirmações dogmáticas baseadas em determinado pronome ou tempo verbal, ou mesmo em uma construção gramatical em nosso idioma, pois este não conseguiria expressar a força completa do idioma original.

Há também algumas situações em que o grego é menos preciso que os idiomas usados hoje. Isso gera novos problemas. A compreensão do ensino bíblico em relação ao papel da mulher na igreja e na sociedade, por exemplo, torna-se difícil, já que o grego usa a mesma palavra — *gyné* — para "mulher" e para "esposa", e a palavra *anér* pode significar "homem" e "marido".

Por exemplo, 1 Coríntios 11:3 diz: "o cabeça da *gyné* é o *anér*". Este texto inicia a discussão sobre como homens e mulheres deveriam orar e profetizar durante reuniões públicas. Paulo sugere uma diferença entre "cobrir a cabeça" e "estilo de cabelo".* Como deve ser traduzida a palavra *gyné* na frase "o cabeça da *gyné* é *anér*": *mulher* ou *esposa*? E como deve *anér* ser traduzido: *marido* ou *homem*? O sentido da passagem pode ser bem diferente, dependendo de como ela é traduzida. A Edição Revista e Corrigida traduz por *mulher* e *varão*. A versão Revista e Atualizada traduz por *mulher* e *homem*. A Nova Versão Internacional também usa os

[2] Na língua inglesa, há outras versões que tentam captar melhor a ideia.

* O grego não deixa claro o pensamento de Paulo. O significado literal das palavras é: "descendo pela cabeça". A palavra "véu" não aparece em 1 Coríntios 11, apesar de muitas traduções usarem a palavra "véu" para traduzir essa expressão. Pode ser que Paulo estivesse falando de véu; mas pode ser também que ele estivesse apenas falando de um estilo de penteado. Como o texto trata várias vezes do comprimento do cabelo (1 Co 11:5, 6, 13, 14, 15), nós entendemos que ele estava se referindo a um estilo de penteado como uma cobertura.

termos *mulher* e *homem*. Há, entretanto, versões que usam o status matrimonial para traduzir este texto como fazendo referência a *esposa* e *marido*; e ainda outras que, apesar de esquisito, usam *mulher* (sexo feminino) e *marido* (estado civil).

Nós entendemos que a tradução deve ser *mulher* e *homem*, porque o capítulo não fala sobre *esposa* e *marido*, mas sim sobre como homens e mulheres devem orar e profetizar nas reuniões públicas. Esta é uma situação clara, onde o tradutor é obrigado a fazer uma opção a respeito do pensamento de Paulo sobre o assunto. Uma passagem como esta que pode ter várias interpretações diferentes jamais deve servir de base para uma conclusão dogmática.

A mesma situação aparece em 1 Timóteo 3:8-13, onde há uma discussão sobre as qualificações que precisam ser encontradas nos diáconos. No meio do parágrafo, o verso 11 diz: "Da mesma sorte as mulheres (*gyné*) sejam honestas, não maldizentes, sóbrias e fiéis em tudo". Algumas traduções dizem: "... assim as *esposas* sejam...". Paulo não diz se ele pensou em *esposas*, *mulheres em geral* ou ainda *esposas dos diáconos*, ao usar a palavra *gyné* que aparece no texto. Neste caso, a única orientação sobre o significado é o contexto. As diferenças entre as traduções mostram que não há consenso entre os estudiosos da Bíblia sobre o que Paulo tinha em mente ao escrever esse texto.

Estilo dos escritos antigos

Os escritos originais da Bíblia, bem como suas cópias, foram produzidos num estilo antigo. Isto significa que não foi feito uso de espaço entre as palavras, pontuação ou parágrafos, emprego de letras maiúsculas e minúsculas. Tudo era escrito por igual, com letras maiúsculas.

Apesar de o espaço entre as palavras não parecer algo muito sério, esta característica pode fazer grande diferença. Imagine a sentença: GODISNOWHERE. Ela poderia significar, "Deus está aqui agora", ou "Deus não está em lugar nenhum"!

Imagine Romanos 3:23 escrito no estilo dos manuscritos do grego bíblico. Em português, o equivalente seria mais ou menos isto:

PORQUETODOSPECARAMEDESTITUIDOSESTAODAGLORIADEDEUS

Se você acha que esta forma parece difícil, imagine o mesmo versículo escrito no estilo hebraico, sem as vogais:

PRQTDSPCRMDSTTDSSTDGLIRDDS

Claro que as letras hebraicas são bem diferentes das letras usadas hoje em dia, e a leitura é feita da direita para a esquerda.

Os tradutores dos manuscritos antigos tiveram de decidir onde deveriam estar as divisões entre as palavras, onde uma sentença deveria começar e terminar, onde deveriam ser colocados os pontos e as vírgulas, e ainda o que era uma citação direta de outros textos.

Na sua maioria, essas decisões eram difíceis, e isso era mostrado pela diferença de opinião que havia entre os tradutores. Se 1 Coríntios 14:33, 34 tivesse sido escrito com separação entre as palavras mas sem pontuação, seria assim: "Porque Deus não é Deus de confusão senão de paz como em todas as igrejas dos santos as mulheres estejam caladas nas igrejas porque lhes não é permitido falar mas estejam sujeitas como também ordena a lei".

A pontuação faz muita diferença no significado do texto. A expressão "como em todas as igrejas dos santos" faz parte da frase que a precede: "Deus não é Deus de confusão"? Ou é parte da frase posterior: "as mulheres estejam caladas..."? Os tradutores têm opinião diferente sobre onde se deve colocar o ponto e iniciar a próxima frase.

As divisões entre os capítulos e versículos não foram adicionadas até a Idade Média. Essa divisão facilita a localização de textos na Bíblia, mas também nos faz pensar que os autores do texto organizaram seus pensamentos da forma em que, hoje, eles aparecem na Bíblia. Isso pode ou não ser verdade.

Algumas dessas divisões estão claramente equivocadas. Pode-se perceber que 1 Coríntios 11:1 é a continuação do capítulo 10. Muitos tradutores têm colocado esse versículo como última sentença do parágrafo que encerra o capítulo 10.

Em algumas traduções, como a *Versão King James*, em inglês, nem os parágrafos são delimitados. A versão traz cada versículo como uma unidade isolada em si mesma. Isso facilmente confunde o leitor que, de maneira geral, não percebe que os capítulos e versículos não fazem parte do texto original.

Citações podem ser diferentes no Antigo e no Novo Testamentos

Num trabalho cuidadoso, os estudiosos da Bíblia percebem rapidamente que os autores do Novo Testamento citam com frequência o Antigo Testamento. Se procurar pela referência no Antigo Testamento — geralmente elas aparecem numa nota de rodapé — o estudioso da Bíblia perceberá que o texto no Antigo Testamento é muito diferente do texto citado no Novo Testamento.

Hebreus 12:6 cita Provérbios 3:12 desta forma: "Porque o Senhor corrige o que ama, e açoita a qualquer que recebe por filho". No entanto, o que realmente é encontrado em Provérbios 3:12, no Antigo Testamento, é: "Porque o Senhor repreende aquele a quem ama, assim como o pai ao filho a *quem* quer bem". Por que essa diferença?

Como a maioria das citações do Novo Testamento, a citação de Hebreus é feita a partir da tradução do Antigo Testamento chamada Septuaginta. Esta é uma tradução grega do Antigo Testamento feita entre os anos 250 e 150 a.C. para beneficiar os judeus que falavam a língua grega.

Durante o período áureo da Grécia, muitos judeus saíram da Palestina e se estabeleceram em países ao longo da costa do Mediterrâneo, onde o grego era o idioma do dia a dia. Muitos judeus que cresceram nessa região nunca aprenderam o hebraico, por isso, não podiam ler o Antigo Testamento. Eles precisavam de uma tradução do Antigo Testamento para o grego, pois este era o idioma que eles agora conheciam. Por esta razão, um grupo de estudiosos judeus que se estabeleceram em Alexandria, no Egito, e que conheciam bem tanto o hebraico como o grego, produziram a Septuaginta — uma tradução do Antigo Testamento a partir do hebraico para o grego. (A Septuaginta também inclui alguns livros chamados apócrifos). Até onde nós sabemos, essa versão foi o primeiro livro traduzido de um idioma para outro.

A igreja primitiva teve o seu maior crescimento entre os judeus que falavam grego e viviam entre os gentios que também falavam grego. A Septuaginta tornou-se a Bíblia dos judeus da dispersão e da igreja primitiva, que era formada por gentios de fala grega e por judeus convertidos que falavam grego.

Portanto, quando o autor da carta aos Hebreus cita Provérbios, ele está mencionando o texto da Septuaginta. Esta é apenas outra circunstância em que os tradutores da Septuaginta têm opinião diferente da dos tradutores que os seguiram, sobre onde colocar as vogais nas palavras em hebraico. No texto citado acima, os tradutores da Septuaginta escolheram vogais que fazem com que, no Novo Testamento, ele signifique: "ele causa dor". Os tradutores modernos acreditam que fazia mais sentido o uso de outra palavra com as vogais indicando "como o pai".

O autor da epístola aos Hebreus sempre cita a Septuaginta, indicando que talvez ele nem conhecesse a versão em hebraico. Paulo também usa muitas vezes a Septuaginta (apesar de ele conhecer o hebraico). Na verdade, mesmo conhecendo o hebraico, cinquenta e uma das noventa e três citações que Paulo faz do Antigo Testamento em suas cartas são da Septuaginta. Ele percebeu que a maioria dos seus leitores conhecia o grego, e não o hebraico. As citações da Septuaginta explicam muitas diferenças entre o Antigo Testamento e a maneira como essas passagens foram citadas no Novo Testamento.

Jesus falava e ensinava em aramaico. No Novo Testamento, os Evangelhos, livros que falam sobre a vida e a obra de Jesus, foram escritos originalmente em grego. No entanto, o idioma comum entre o povo da Palestina, no meio de quem Jesus viveu, não era o grego, mas o aramaico — uma espécie de idioma primo do hebraico. O grego era o idioma do comércio. Sem dúvida nenhuma, Jesus falava os dois idiomas. Além disso, provavelmente ele sabia hebraico também por causa dos estudos que havia feito nas escolas da sinagoga. Pode-se ter certeza de que Jesus falava em aramaico, no seu dia a dia e quando ensinava às pessoas que se juntavam em torno dele. O aramaico era para eles o "idioma do coração" — a língua que usavam ao redor da mesa e na qual podiam se comunicar mais íntima e profundamente.

As palavras de Jesus, registradas em grego por Mateus, Marcos, Lucas e João, eram *traduções do que Jesus disse em aramaico.* Os ensinamentos de Jesus foram transmitidos oralmente em grego e aramaico, entre quinze e trinta anos antes do primeiro Evangelho ser escrito. Isso talvez explique algumas das diferenças entre os Evangelhos, pois as traduções permitem certa liberdade de expressão na transmissão de uma ideia.

A natureza dos idiomas e o problema envolvido na transmissão dos escritos durante milhares de anos e o processo de tradução de uma língua para outra são extremamente complexos.

Como avaliar uma tradução

Hoje em dia, com tantas traduções da Bíblia, como um estudante criterioso da Bíblia pode saber qual é a melhor delas? Não é fácil responder a essa pergunta.

Há dois tipos principais de tradução. Cada um tem seus pontos positivos e suas limitações.

Traduções em equipe. Essas traduções geralmente são feitas por um grupo de estudiosos que trabalham juntos em certos livros ou partes da Bíblia. São pessoas geralmente especialistas em grego, hebraico ou aramaico, que têm ótimo conhecimento sobre a história e a cultura do livro que estão traduzindo. Alguns exemplos de traduções feitas em equipe são: a Edição Revista e Corrigida, a Tradução Revista e Atualizada no Brasil, a Nova Versão Internacional e A Bíblia na Linguagem de Hoje. Em inglês, a Sociedade Bíblica Americana editou, em 1991, uma versão contemporânea traduzida por um grupo de estudiosos.

Por um lado, a interação entre esses especialistas bem preparados ajuda a limitar as possibilidades de erros grosseiros cometidos na tradução dos textos bíblicos. Esses erros surgem da influência doutrinária pessoal ou de eventuais preconceitos pessoais existentes entre os membros da equipe. Por outro lado, as traduções feitas em equipe tendem a perder no estilo e na fluência que contribuem para tornar a leitura do texto agradável.

Traduções individuais e paráfrases. Geralmente, são produzidas por uma pessoa que tem grande habilidade com o estilo literário. Essas pessoas podem ou não ter conhecimento dos idiomas em que a Bíblia foi escrita, mas costumam fazer uso da consultoria a especialistas, solicitando ajuda nas passagens mais difíceis. Os exemplos desse tipo de tradução estão na sua maioria na língua inglesa: *Good News for Modern Man*, conhecida também como *Today's English Version* (Versão no Inglês de Hoje). Essa versão foi basicamente traduzida por Bratcher, mas revisada por um grupo de especialistas e aprovada pelo Comitê de Tradução da Sociedade Bíblica Americana. O *New Testament in Modern English* é uma tradução feita por J. B. Philips sem a supervisão de nenhum grupo de tradutores. A *Bíblia Viva*, tradução de Kenneth Taylor, é uma paráfrase.

As traduções e paráfrases feitas por uma única pessoa geralmente têm fluência e estilo literário mais consistente do que as produzidas em equipe. São melhores de se ler. Sua limitação, entretanto, é que geralmente essas traduções refletem a tendência doutrinária do tradutor e, às vezes, mostram uma propensão para aumentar ou diminuir o texto original.

Por exemplo, no grego, 1 Coríntios 11:10 diz o seguinte: "Por causa disso, a mulher deve ter autoridade sobre a cabeça por causa dos anjos". Todas as traduções em equipe ficaram bem próximas da ideia original. No entanto, em inglês, as três versões individuais acrescentam interpretações e significado às palavras de acordo com a tendência do tradutor: todas elas relacionam a questão da autoridade ao uso de algo na cabeça e à submissão ao marido.

O texto grego não fala nada sobre homens ou maridos. Esses acréscimos são interpretações dos tradutores de acordo com o que eles entendem que o texto significa. A interpretação feita por eles pode ou não estar certa. Na verdade, porém, por causa dessa interpretação, eles foram além do que o texto diz.

Embora essas traduções e paráfrases sejam uma leitura empolgante e cheia de vida trazendo nova luz a passagens que nos são familiares, o estudante criterioso deve sempre compará-las com uma ou duas traduções feitas por equipes. Se uma ideia é transmitida numa versão individual mas não é transmitida na maioria das traduções por equipe, é um bom indício de que ela é apenas uma interpretação do tradutor. Por este motivo, essas versões e paráfrases feitas por uma só pessoa não devem ser usadas para estudo bíblico detalhado, a não ser que sejam sempre comparadas com as traduções feitas em equipe.

Qual a melhor tradução em equipe? Em inglês, a *Versão King James* foi uma excelente tradução em 1611, quando foi completada. No entanto, os manuscritos originais nos quais ela foi baseada eram poucos e de qualidade questionável, se comparados às descobertas que aconteceram depois de sua tradução. Muitos manuscritos antigos melhores foram encontrados, inclusive os manuscritos do Mar Morto, que foram usados por todas as traduções em equipe feitas mais recentemente. Embora nenhuma dessas traduções seja perfeita, a *Edição Revista e Atualizada* e a *Nova Versão Internacional* estão entre as melhores traduções feitas em equipe para o português. A *Bíblia Revista e Atualizada no Brasil*, editada pela Sociedade Bíblica do Brasil, por exemplo, tem uma comissão de revisão permanente.

À medida que os tradutores tomam consciência das próprias tendências, e conforme os manuscritos mais antigos vão sendo descobertos, as traduções da Bíblia tendem a melhorar ainda mais. Enquanto isso, devemos ser agradecidos pelas traduções que temos e devemos reconhecer que, mesmo com todas as limitações humanas, essas traduções trazem a mensagem de Deus para nós.

Questões para discussão

1. Os manuscritos originais da Bíblia não tinham nem capítulos nem versículos. Estes foram acrescentados à Bíblia há algumas centenas de anos atrás. A divisão em capítulos e versículos influencia a maneira como você lê a Bíblia? Segundo o que você pensa, eles ajudam ou atrapalham?

2. O texto no hebraico original foi escrito somente com consoantes, sem vogais. Para você perceber como é difícil ler algo nessas condições, faça esta experiência:

> Faça de conta que você quer contar algo para a pessoa que está ao seu lado. Escreva isso num papel. (Conte alguma coisa bem simples; não escreva mais do que 10 a 12 palavras.) Em vez de entregar para a pessoa, escreva novamente em outro papel só que, agora, use somente letras maiúsculas, sem pontuação, sem espaço entre as palavras e sem as vogais — AEIOU. Veja quanto tempo a pessoa vai levar para decifrar o que você escreveu, isso se ela conseguir fazê-lo.

3. Conhecer alguma coisa sobre as dificuldades dos idiomas bíblicos faz alguma diferença na maneira como você interpreta a Bíblia?

CAPÍTULO 5

COMO A BÍBLIA FOI ESCRITA E COMPILADA

A Bíblia é uma coleção e sessenta e seis livros — trinta e nove, no Antigo Testamento e vinte e sete, no Novo Testamento. A Bíblia católica romana tem os mesmos livros no Novo Testamento, mas, no Antigo Testamento, é acrescida de doze outros livros. Esses livros foram escritos por muitas pessoas diferentes, durante um período de mais de mil anos.

Para os cristãos, a Bíblia é conhecida como o *cânon*. A palavra *cânon* significa uma coleção de livros ou escritos aceitos por um grupo de pessoas, como base de suas crenças e orientação para a vida e modo de adoração. Quase todas as grandes religiões (e algumas pequenas) têm um cânon. Muçulmanos, hinduístas, mórmons, budistas — todos têm os próprios cânones.

O Antigo Testamento é o cânon para o judaísmo. O Antigo e o Novo Testamentos formam o cânon para o cristianismo. Como os sessenta e seis livros da Bíblia foram reunidos e organizados para formar o cânon, tendo sido escritos durante um período tão longo?

Há muito mal-entendido com relação a este assunto. Deus *não* fez saber, de forma sobrenatural, a Moisés, Paulo ou Lucas que o que eles estavam escrevendo faria parte do cânon do cristianismo. Não foi também um grupo de líderes ou um concílio eclesiástico que determinou o que deveria fazer parte da Bíblia. Na verdade, o cânon foi estabelecido por meio de um processo que durou entre 50 e 250 anos, para o Novo Testamento, e provavelmente mais tempo ainda, em relação ao Antigo Testamento.

O cânon do Novo Testamento

Se acompanharmos o processo de formação do cânon do Novo Testamento, poderemos ter uma ideia de como se deu o processo. Sabemos que os livros do Novo Testamento foram escritos provavelmente entre os anos 50 e 100 a.D. Não são estabelecidas as datas precisas da formação de todos os livros.

Há alguma evidência de que os escritos do apóstolo Paulo tenham sido coletados *como um conjunto* por volta do ano 90 a.D. Temos conhecimento disso pelo estudo da crítica textual — como os livros da Bíblia foram fisicamente copiados e distribuídos ao longo dos séculos antes da invenção da imprensa. Antes da imprensa, os manuscritos tinham de ser copiados à mão. Normalmente, alguém copiava à mão um manuscrito que anteriormente fora copiado por alguém. Outras vezes, uma pessoa lia e um grupo de escribas escrevia o que lhes era ditado. Características particulares diferenciavam as cópias feitas individualmente ou em grupos.

O estudo de grupos de manuscritos antigos das cartas de Paulo demonstram que as variações são as mesmas em uma e em outra carta paulina. Isto mostra que elas foram copiadas em grupo e não individualmente. Os escribas tinham certos hábitos para escrever e transcrever, e essas similaridades mostram que essas cartas foram copiadas ao mesmo tempo e pelos mesmos escribas.

Entre os anos 95 e 110, Inácio, um dos pais da igreja primitiva, escreveu várias cartas, que foram preservadas, nas quais ele cita as epístolas do apóstolo Paulo. Inácio escreveu para algumas das igrejas às quais Paulo escrevera. Citando o apóstolo Paulo, Inácio demonstrava que conhecia os escritos do apóstolo e que esses escritos tinham um peso de autoridade entre os seus leitores.

No Novo Testamento, os quatro Evangelhos formam um estudo interessante sobre o desenvolvimento do cânon. Todos são mencionados pelos pais da igreja, a partir do ano 90 a.D. No entanto, entre os anos 100 e 140, certos escritos sobre a vida de Cristo — conhecidos como evangelhos apócrifos — passaram a circular. Muitos deles tinham sido produzidos por uma seita conhecida como "os gnósticos". Os gnósticos criam que Jesus era inteiramente divino, mas que não era verdadeiramente humano. Acreditavam que o Cristo *divino* veio sobre o Jesus *humano* no seu batismo e o deixou na crucificação. Para sustentar essa visão, os gnósticos precisaram modificar muito do que era apresentado nos quatro Evangelhos.

Marcion era um gnóstico, ou pelo menos defendia posições muito parecidas com a doutrina pregada por eles. Sua seita floresceu entre os anos 130 e 150 a.D. Marcion cria que o Deus do Antigo Testamento não era o Deus de Jesus Cristo. Por esta razão, ele repudiava o Antigo Testamento. Precisou criar um cânon que viesse substituir o Antigo Testamento — durante muito tempo, esse cânon foi a Bíblia da igreja primitiva. No cânon de Marcion, foram incluídos dez cartas de Paulo e o evangelho de Lucas. A forte influência de Marcion levou a igreja primitiva a declarar que os quatro Evangelhos eram sagrados, escritos autorizados — canônicos — e que os evangelhos gnósticos não deveriam ser usados nas leituras feitas na igreja. Em parte pelas mesmas razões, por volta do ano 150 a.D., a igreja reconheceu que as cartas de Paulo eram também autorizadas.

Em 1740, um bibliotecário medieval encontrou uma lista de livros sagrados numa biblioteca perto de Milão, na Itália. A lista foi datada em 190 e 210 a.D. e contém vinte dois dos vinte e sete livros do Novo Testamento que compõem a Bíblia que temos hoje. A lista encontrada inclui os quatro Evangelhos, treze cartas de Paulo, Atos, Judas, 1 e 2 João, e Apocalipse. Dela não faz parte a carta aos Hebreus, 3 João, 1 e 2 Pedro, e Tiago. Nela estão incluídos dois livros que não fazem parte do nosso cânon: Sabedoria de Salomão e Apocalipse de Pedro. Àquele tempo, já se havia chegado a um forte consenso; mas havia ainda algumas diferenças de opinião.

Vários fatores influenciaram a igreja primitiva no reconhecimento dos escritos canônicos:

Foi escrito por um apóstolo ou alguém conhecido de um deles;

Era utilizado com frequência nos cultos públicos;

Demonstrava um tratamento novo para com a verdade e a fé cristã.

Quatro pais da igreja foram especialmente importantes no reconhecimento dos escritos autorizados do Novo Testamento. Foram eles: Irineu (130 a 202 a.D.); Tertuliano (160 a 220 a.D.); Orígenes (185 a 254 a.D.); e Eusébio de Cesareia (260 a 340 a.D.). Os escritos de Eusébio que foram distribuídos mostram que ele trabalhou para dividir os livros em categorias "reconhecidas" como autoridade ou "questionadas" como tal.

O processo de reconhecimento dos livros que fariam parte do Novo Testamento durou cerca de 250 anos e envolveu toda a igreja — cristãos de Roma, Constantinopla, Alexandria (Egito), e Grécia. Alguns setores da igreja demoraram mais do que outros para reconhecer esses escritos. Deus não enviou uma lista mágica para cada um. Ao contrário, o Espírito Santo trabalhou entre os grupos de cristãos, no próprio lugar em que eles se encontravam. O trabalho foi realizado primeiramente pelo uso desses escritos para demonstrar que os livros em particular eram autênticas afirmações sobre o evangelho e eram autorizados para todos os cristãos.

Esse processo aconteceu durante um tempo de intensa perseguição. Desde o tempo de Nero (64 a.D.) até o reinado de Constantino (311 a.D.), a igreja enfrentou inúmeras ondas de extrema perseguição. Milhares de cristãos morreram por causa de sua fé. Durante esses períodos de perseguição, os cristãos eram forçados a entregar os livros reconhecidos pela sua autoridade sobre a fé.

Obviamente, a essa altura a igreja já sabia que livros deveriam ser preservados. Quando a perseguição chegava ao fim, os que tinha entregado os livros eram excluídos da igreja.

A lista dos livros autorizados para comporem o Novo Testamento foi aparentemente estabelecida antes de 367 a.D., pois, numa carta escrita naquele ano por Atanásio, Bispo de Alexandria, ele faz a relação dos mesmos vinte e sete livros que temos hoje no Novo Testamento. No Concílio de Calcedônia, em 451 a.D., a mesma lista é confirmada.

No tempo da Reforma, não havia nenhuma discordância entre a igreja católica romana, a igreja ortodoxa e os reformadores protestantes sobre quais os livros que faziam parte do Novo Testamento.

O cânon do Antigo Testamento.

Foi mais difícil estabelecer-se o cânon do Antigo Testamento. Até hoje ainda existem opiniões diferentes entre protestantes e católicos, dois grandes grupos entre os cristãos. As igrejas protestantes aparentemente aceitam o cânon dos judeus palestinos, estabelecido antes do tempo de Jesus. Já o Antigo Testamento da igreja católica inclui doze outros livros.

O historiador judeu Josefo viveu entre os anos 37 e 100 a.D. Em seus escritos, há uma lista de livros do Antigo Testamento que é provavelmente a mesma lista dos livros reconhecidos pelos protestantes. Dizemos “provavelmente” porque o material estava organizado de maneira diferente — apenas vinte e dois livros compunham a lista. Por exemplo, o livro de Rute fazia parte do livro de Juízes, e Lamentações, do livro de Jeremias.

Parece ter havido três fatores para o reconhecimento dos livros que deveriam fazer parte do cânon do Antigo Testamento:

1. Composição

As *palavras* dos profetas do Antigo Testamento foram reconhecidas como palavra autorizada de Deus, quando proferidas *oralmente*. As palavras escritas foram depois reconhecidas como autorizadas.

2. Reconhecimento ou re-conhecimento do cânon

À medida que os escritos dos profetas e outros escritos eram passados adiante, eles precisavam ser constantemente reconhecidos como escritos autorizados. Caso contrário, não seriam copiados e recopiados pelas gerações futuras. No Antigo Testamento, fazem parte dos livros de Reis e de Crônicas vários escritos não preservados. Por exemplo, em 2 Crônicas 12:15 e 13:22, há referências aos "livros de Semaías, o profeta, e de Ido, o vidente".

3. Reconhecimento final

Evidência de que alguns dos livros do Antigo Testamento eram considerados autorizados, aparece em escritos que datam de 500 a.C. e do tempo de Cristo.

Por volta de 432 a.C., Neemias expulsou da colônia judaica de Jerusalém alguns judeus que haviam se casado com mulheres estrangeiras. Os judeus expulsos tornaram-se a comunidade dos samaritanos. Esse grupo usava somente o Pentateuco — os cinco primeiros livros do Antigo Testamento. Aparentemente, o Pentateuco era uma parte do Antigo Testamento claramente reconhecida como autorizada pelos samaritanos. Não há como saber se, naquela época, os outros judeus que viviam em Jerusalém reconheciam como autorizadas as outras partes do Antigo Testamento. Neemias 8:1 relata que o povo pediu a Esdras que ele "trouxesse o livro da lei de Moisés, que o Senhor tinha ordenado a Israel". Isto se refere ao Pentateuco, e mostra claramente que esses cinco livros eram reconhecidos como sagrados.

Entre 250 e 150 a.C., em Alexandria, no Egito, o Antigo Testamento foi traduzido para o grego. Essa tradução ficou conhecida como a Septuaginta. É a mais antiga tradução do Antigo Testamento — de fato, ela é a mais antiga tradução, de um idioma para outro, de que se tem conhecimento, em qualquer tipo literatura! A Septuaginta contém os trinta e nove livros do Antigo Testamento reconhecidos pela igreja protestante, mais os doze livros que aparecem no Antigo Testamento católico — livros conhecidos como apócrifos —, e mais os três livros que aparecem na Vulgata Latina, tradução feita por Jerônimo. Fazem parte da Septuaginta ainda outros escritos além desses. Na verdade, essa foi uma tradução, para o grego, de livros religiosos importantes, uma espécie de "biblioteca religiosa de escritos importantes". Não há como ter certeza de que o povo de Alexandria considerava todos os escritos da Septuaginta autorizados. Há algumas evidências de que eles não creditavam a mesma autoridade a todos os livros que compunham a Septuaginta. Filo, o famoso teólogo judeu de Alexandria, viveu entre 30 a.C. e 50 a.D. Em seus escritos, ele citava frequentemente o Antigo Testamento da Septuaginta, mas jamais citou como Escritura nenhum dos livros apócrifos.

O Talmude é uma coleção de histórias judaicas, ensinos, tradições, comentários e interpretações do Antigo Testamento. Foi escrito e compilado entre 250 e 550 a.D. O Talmude só faz referência aos escritos dos trinta e nove livros do Antigo Testamento. Não há nenhuma referência aos livros apócrifos da Septuaginta.

Desde a época de Santo Jerônimo (340 a 420 a.D.) até Martinho Lutero (1483 a 1546 a.D.), os livros apócrifos foram reconhecidos como válidos para serem estudados pelos cristãos; mas eles não eram colocados no mesmo nível dos outros trinta e nove livros do Antigo Testamento.

Aparentemente, os judeus e os cristãos, tanto católicos como protestantes, concordam que os trinta e nove livros do Antigo Testamento eram canônicos. A única diferença está nos doze livros que são acrescentados ao Antigo Testamento da Bíblia católica.

Questões para discussão

1. A maior parte dos termos usados neste capítulo para descrever a maneira em que a Bíblia foi formada são conhecidos. Os autores deste livro os definiram para você. De quantos desses termos você se lembra ou entende?

   a. cânon
   b. Septuaginta
   c. Talmude
   d. apócrifos

2. Quem foram as pessoas abaixo relacionadas e por que elas devem ser reconhecidas?

   a. Inácio
   b. Josefo

3. Estar ciente de que "Deus não fez saber, de forma sobrenatural, a Moisés, Paulo ou Lucas que o que eles estavam escrevendo faria parte do cânon do cristianismo" produz em você algum embaraço? Por que sim ou por que não?

CAPÍTULO 6

A VIDA E O PERÍODO DOS POVOS DA BÍBLIA

Nenhum evento acontece no vácuo. Vivemos dentro de um contexto cultural e histórico e somos fortemente influenciados por ele. Os fatos e ensinos bíblicos aconteceram também dentro de um contexto histórico e cultural específico.

Em certo sentido, a história é algo vivida durante determinado período de tempo. No entanto, a história de que temos conhecimento é uma *seleção* de fatos elaborada pelos historiadores sobre a vida de indivíduos, grupos, nações, ou grupo de nações. Os historiadores escolhem os fatos à medida que eles tentam perceber sentido nos atos e propósitos das pessoas ou nações.Toda a história, portanto, escrita ou contada, é naturalmente uma interpretação de fatos, independentemente da objetividade e honestidade do historiador. E não tem como ser diferente.

Na concepção dos historiadores, a história está centrada nas pessoas e nos fatos. É o relato de eventos e pessoas e os efeitos que estes produziram nas vidas e nos eventos que se seguiram. Os cristãos, porém, crêem que a história é mais do que isso — é o desenrolar do plano e do propósito de Deus. O cristão não pode concentrar a história apenas em pessoas e fatos, ignorando Deus e a ação divina.

A Bíblia está repleta de história. Nela, Deus e personagens fazem a história juntos. As pessoas encontram Deus numa sequência de fatos por ele determinada, na qual elas se podem mostrar hostis ou se reconciliar com ele. Não há separação entre a história secular e a história sagrada.

A maior parte dos textos bíblicos é entendida mais facilmente quando esses textos são relacionados com o período histórico e cultural em que se deram. Só assim é possível começar a entender a maneira em que as pessoas pensavam e agiam. Só então estaremos prontos a dar o próximo passo para entender o significado dos eventos e ensinos bíblicos para o nosso tempo.

Pano de fundo histórico e cultural

Às vezes, o pano de fundo cultural e histórico dos escritos bíblicos não é fácil de ser determinado. Frequentemente, encontram-se discordâncias entre os estudiosos da Bíblia sobre a data em que certos livros foram escritos. Por exemplo, o livro de Obadias, anteriormente considerado como tendo sido escrito por volta de 900 a.C. , foi, mais tarde, reconhecido como tendo sido escrito em 400 a.C. Se os acadêmicos têm dificuldade em determinar quando um livro foi escrito, como pode um estudioso comum da Bíblia saber algo sobre o contexto histórico e cultural de um livro que faz parte do texto sagrado?

Felizmente, a situação não é tão desesperadora como parece. Há um consenso geral entre os acadêmicos bíblicos quanto às datas de vários livros da Bíblia. Diferenças como a do livro de Obadias são exceção e não regra.

Mesmo em relação a Obadias, não estamos totalmente perdidos, pois a *situação* histórica é mais importante do que a *data* exata do surgimento de um livro. O conteúdo de Obadias mostra que ele foi escrito num período de conflito entre os descendentes de Esaú e os descendentes de Jacó, seu irmão. O fato de o conflito ter ocorrido no século nono, sexto ou em qualquer outro século a.C. faz pouca diferença para a compreensão da visão de Obadias.

É importante destacar que os estudiosos da Bíblia geralmente têm preconceitos que influenciam a opinião formada em relação às datas da composição de determinados livros. Por exemplo, por causa de sua visão teológica, alguns desses estudiosos têm convicção de que Deus jamais revelou o futuro aos profetas. Este pensamento, é claro, torna a profecia preditiva uma impossibilidade. Assim, *por causa de suas convicções teológicas*, esses intérpretes determinarão para um livro que contenha alguma profecia uma data de composição *posterior* aos acontecimentos nele profetizados. Esses intérpretes insistirão em que a profecia é apenas mais uma forma de se escrever a história.

Uma expressão alemã — *Sitz im Leben* — praticamente tornou-se, em inglês, expressão corrente entre os que estudam um contexto histórico. A expressão significa "situação de vida", e contempla a história e a cultura de indivíduos, grupos ou nações que estejam sendo estudadas.

Outra parte do cenário bíblico é igualmente importante. É conhecida como *Sitz im Glauben* ou "situação da fé". Refere-se ao relacionamento da pessoa ou nação com Deus. Ambas — a "situação de vida" e a "situação da fé" — são importantes para o entendimento de qualquer parte da Bíblia. Onde podemos encontrar essas informações?

Use atlas, dicionários e comentários bíblicos

Um bom atlas ou dicionário bíblico oferece informações geográficas, políticas e culturais. Um bom comentário supre a necessidade de informações históricas sobre a situação de "vida e fé" no texto a ser estudado. Esse é material essencial para um estudo que parta de uma análise do que a passagem significou para os primeiros leitores e do que significa para os leitores, hoje.*

* Bíblias, como a Bíblia Shedd, Bíblia de Genebra, NVI de Estudo, Bíblia de Estudo Almeida, contêm notas, mapas e informações sobre o contexto histórico dos textos. (N. do T., substituindo informação sobre uma Bíblia de estudo em inglês).

Por exemplo, um comentário sobre as cartas de Paulo aos Coríntios deveria mostrar, com referência a cada um dos textos, a situação das pessoas para quem as cartas foram escritas. As perguntas que os coríntios fizeram a Paulo são diretamente relacionadas às situações de "vida e fé"por que eles passavam. O cristianismo chegou a Corinto, uma cidade com uma longa história e com um padrão cultural peculiar. Só quando a situação é entendida, o leitor poderá perceber o significado das afirmações de Paulo sobre casamento (1 Cor 7), sobre a conduta em reuniões públicas (1 Cor 11 e 14), sobre a separação da idolatria (1 Cor 8:4-13), e sobre muitos outros assuntos.

Conheça a geografia do mundo antigo. Israel estava localizado bem no meio dos caminhos do antigo Oriente Médio. Por suas terras passaram líderes dos grandes impérios mundiais. A terra prometida por Deus a Israel tem um papel fundamental na fé do Israel da Bíblia (v. Gn 35:12; Hb 11:9) e a luta de Israel por essa terra tem um papel fundamental na história do povo. Só poderemos entender a importância da terra na fé de Israel, se tivermos uma visão geral do mundo da Bíblia. Quem eram os vizinhos de Israel? Onde ficava a terra prometida? Onde fica Jerusalém? Qual o percurso feito pelo rio Jordão? Onde ficam a Galileia e Samaria? E a Babilônia? Perguntas como estas são fundamentais para se compreender o mundo do Antigo e do Novo Testamentos.

Entenda o contexto e a situação política. Os líderes políticos tiveram um papel importante na vida da nação de Israel e foram também uma influência na igreja primitiva. Compreender os governantes e suas atitudes trará luz sobre as passagens da Escritura.

Quando Jesus nasceu, a Palestina era governada por governadores ou procuradores romanos. Os judeus odiavam os romanos e os romanos odiavam os judeus — ambos tinham boas razões para isso! De tempos em tempos e de forma inconstante, esses dois povos haviam tentado irritar um ao outro e relacionar-se bem. O antagonismo entre judeus e romanos era profundo na época do nascimento de Cristo. Uma guerra entre eles era apenas uma questão de tempo. Foi nesse ambiente de suspeição e desconfiança que Jesus nasceu, viveu, foi morto e ressuscitou. Nesse mesmo ambiente, as boas-novas do evangelho se espalharam pela Palestina, Ásia Menor, Grécia e Itália. O cristianismo primitivo surgiu num ambiente político ideal.

Para um estudo sério da Bíblia é necessário conhecer a história política que envolveu incidentes específicos. A mulher samaritana, com quem Jesus conversou no poço de Sicar, era fruto de uma história de 500 anos de conflitos políticos entre samaritanos e judeus. A história do antagonismo influencia os sentimentos. A declaração do evangelista em João 4:9 — "ora os judeus não se relacionam amistosamente com os samaritanos" (tradução do autor) — mostra que a animosidade era a forma natural de vida entre esses dois povos, assim como, hoje, a animosidade é uma parte natural na vida de judeus e árabes.

Conheça o máximo possível sobre a cultura dos povos bíblicos. A cultura envolve hábitos, costumes, ferramentas, instituições, arte, música e literatura produzida por qualquer grupo de pessoas — tudo que um povo usa e cria. O tipo de casa em que eles viviam, os instrumentos, as roupas, a comida, os meios de transporte que usavam podem ser importantes para o entendimento da Bíblia.

Um dos relatos bíblicos narra o episódio quando Jesus curou um paralítico trazido por quatro homens que subiram ao telhado, ali abriram um buraco e fizeram descer o paralítico até onde Jesus estava (v. Mt 9:1-8; Mc 2:1-12; Lc 5:17-26).

Se o leitor conseguir visualizar uma típica casa de campo brasileira ou mesmo um sobrado urbano, a ideia de subir ao telhado e abrir um buraco para descer o homem fará com que veja uma cena de destruição e uma chuva de reboco. Quando, porém, entendemos que as casas na Palestina tinham telhados horizontais cobertos por telhas, podemos imaginar como seria possível uma cena como essa. Os quatro amigos carregaram o paralítico pela escada externa até o telhado (todas as casas tinham esse tipo de escada).

No telhado, na direção em que estava Jesus, os amigos retiraram as telhas (Lc 5:19) e, pela abertura feita, desceram o homem até que chegasse bem diante de Jesus. Era uma questão muito simples recolocar ou trocar as telhas. Com um pano de fundo adequado, a história do paralítico e seus quatro amigos que tinham fé se torna viva e empolgante.

Mesmo sendo uma obra-prima, o quadro "Última Ceia", de Leonardo da Vinci, transmite uma imagem de Cristo e os doze apóstolos equivocada em relação à cultura da época, e isso dificulta a compreensão dos acontecimentos daquela noite. Em vez de se sentarem em uma mesa longa, como na pintura de Da Vinci, os judeus daquele tempo — assim como os gregos e os romanos — normalmente comiam reclinados. A mesa da última ceia era provavelmente na forma de um U, e Jesus sentou-se na curva do U. Enquanto Jesus e os discípulos se reclinavam em suas almofadas ao redor da mesa, Jesus falou sobre a traição de que seria alvo. João 13:23 diz: "Ora um de seus discípulos, aquele a quem Jesus amava, estava reclinado no seio de Jesus". O evangelho, então, conta o que obviamente foi uma conversa privada entre Jesus e os discípulos. Conhecendo os costumes daquele tempo, podemos visualizar a última ceia com aqueles homens reclinados em suas almofadas, tendo um deles a cabeça reclinada sobre o peito do que estava ao lado dele.

Mais tarde, naquela noite, Jesus molhou um pedaço de pão no prato e "o deu a Judas" (Jo 13:26). Para nós, alguém mergulhar alguma coisa no prato e dar a outra pessoa é um tanto repulsivo. Na cultura judaica, porém, é sinal de amizade. Sabendo disso, passamos a considerar esse ato de Jesus profundo e significativo.

Conheça os costumes sócio-religiosos dos povos bíblicos. Em todas as culturas, muito da vida é determinada pelos costumes sócio-religiosos. Nascimento, casamento e morte geralmente são marcados por cerimônias sócio-religiosas. Isso é verdade sobre os judeus; seus costumes oferecem uma parte importante para a compreensão da Bíblia.

Depois que Jesus nasceu, seus pais cumpriram três cerimônias religiosas: 1) A circuncisão de Jesus, ao oitavo dia após o seu nascimento, quando Jesus recebeu seu nome (Lc 2:21; v. também Lv 12:3); 2) A purificação de Maria, trinta e três dias depois do nascimento de Jesus, em cumprimento à lei (Lv 12:4-7); e, ao mesmo tempo, 3) a dedicação de Jesus (Lc 2:22-39).

Conhecer os costumes vividos nas histórias do Antigo Testamento ajuda a clarificar expressões que soariam estranhas. As transações legais no mundo antigo geralmente aconteciam nos portões das cidades. Quando lemos no livro de Ester que "Mardoqueu estava assentado à porta do rei" (Et 2:19), sabemos que ele era um dos juízes do seu tempo. Seu escritório era no portão do rei.

Tente entender a economia dos povos da Bíblia. As decisões que as pessoas tomam muitas vezes são influenciadas pela economia. A falta de chuva significa fome. Terremotos destruíam cidades inteiras. Em tempos de guerra, os conquistadores deportavam os líderes dos povos conquistados. Enviavam também os trabalhadores mais qualificados para outro país, deixando geralmente os pobres e os velhos que não poderiam organizar uma rebelião contra o conquistador. Os deportados não eram prisioneiros na sua nova terra. Eles podiam e construíam casas e estabeleciam negócios; mas não podiam voltar para sua terra natal. Na maioria das vezes, os conquistadores enviavam várias pessoas do seu povo para se estabelecerem e dominarem a terra e se tornarem os novos líderes políticos.

Quando os assírios conquistaram o Reino do Norte (Israel), em 722 a.C., muitos israelitas foram deportados. Grande parte deles jamais voltou, e eles acabaram sendo assimilados pela população dos lugares em que passaram a viver. Tornaram-se as "dez tribos perdidas de Israel".

Quando o Reino do Sul (Judá) foi conquistado pela Babilônia, em 586 a.C., muitos judeus foram deportados. Quando Ciro, rei da Pérsia, convidou os judeus para voltar para sua terra, em 539 a.C., muitos deles não se mostraram interessados em voltar para a Palestina. Eles haviam encontrado uma economia estável na terra para que foram transportados e em que foram adotados, e estavam prosperando. Não acharam convidativa a economia instável da Palestina.

Estes fatores raramente são citados na Bíblia. A mensagem pressupõe todos esses detalhes e os primeiros leitores do texto bíblico tinham conhecimento deles. Para entendermos a mensagem bíblica e a reação das pessoas nela envolvidas, precisamos conhecer alguns fatos econômicos.

A cultura influencia padrões de pensamento e a linguagem. As necessidades básicas e desejos do povo são semelhantes em todas as partes do mundo e nos vários períodos da história mundial. Os padrões, o pensamento e a linguagem usados na expressão de suas necessidades têm diferenças significativas.

Podemos acompanhar as mudanças em nosso padrão e pensamento, comparando uma versão mais antiga da Bíblia — por exemplo, a "tradução brasileira" — com versões mais modernas. Tanto no grego como no hebraico, os rins eram considerados o centro das emoções. O Salmo 16:7, na "tradução brasileira", diz: "Até de noite me instruem os meus rins". Na mesma versão, Apocalipse 2:23 diz: "... eu sou o esquadrinhador dos rins e dos corações...". As versões contemporâneas, como a "Revista e Atualizada" e a "Nova Versão Internacional", usam a palavra "coração" nesses dois textos, uma vez que, em nossa cultura, pensamos no coração como o centro simbólico das emoções.

O termo "entranhas" geralmente se refere ao centro da bondade e outros sentimentos. Na *King James Version*, versão em inglês, o texto de 1 João 3:17 diz: "Aquele que tem riquezas neste mundo e vir seu irmão passar necessidade e fechar as suas entranhas à compaixão, como o amor de Deus estará nele?". A maioria das versões modernas usa a palavra "coração", em vez de "entranhas".

Em outras partes do mundo, essas ideias precisam ser traduzidas na forma apropriada para cada região. Nos idiomas sudânicos do norte do Zaire, por exemplo, o fígado é considerado o centro da vida de uma pessoa. Numa cultura como aquela, Mateus 15:8 deveria ser assim traduzido: "Este povo honra-me com os seus lábios, mas o seu *fígado* está longe de mim". Os missionários de hoje precisam entender o pensamento cultural dos leitores que primeiro receberam a Bíblia; precisam conhecer seus padrões de pensamento e os padrões culturais daqueles a quem eles ministram.

A mensagem de Deus veio ao povo em determinado contexto cultural, diferente do nosso. Não podemos entender o que ela significa em nossa cultura, a não ser que, primeiro, entendamos o que significou na cultura original.

Lidando com a história e a cultura

1. Num atlas bíblico ou dicionário, encontre o que você puder sobre a geografia das passagens bíblicas que você está estudando.

2. Determine o período histórico que corresponde ao da passagem. Lembre-se: a *situação* histórica é mais importante que a data exata da composição do livro.

3. Conheça o máximo que você puder sobre o povo a que se refere a passagem que você está estudando.

4. Tente perceber como a história que precedeu o período em que viveram os primeiros leitores da Bíblia influenciou as reações e atitudes deles.

5. Preste atenção aos costumes, objetos de material cultural, e às relações sócio-religiosas no trecho que você está estudando.

6. Tente perceber como a mensagem da passagem transcende o seu ambiente imediato.

7. Seja sensível às similaridades e diferenças entre a nossa cultura e a cultura dos escritores e primeiros leitores da Bíblia. Isso o ajudará a fazer aplicações apropriadas para sua vida.

Questões para discussão

1. Para considerar o pano de fundo histórico e cultural, leia o livro de Filemom — ele tem apenas um capítulo e não levará mais do que 15 minutos. Consulte um comentário sobre Filemom, um dicionário ou uma enciclopédia bíblica. Procure por Filemom, Colossos e escravidão. Responda às perguntas:

   a. O que você aprendeu sobre os fatores culturais do livro de Filemom?
   b. Você acredita que o entendimento sobre a escravatura no Império Romano é importante para se compreender o livro de Filemom?
   c. Qual a diferença entre a nossa situação histórica e a situação do contexto de Filemom? Quais as semelhanças entre essas situações? Que aplicações você pode fazer desse livro?

2. Para fazer comparação entre uma situação de fé e de vida, leia o livro de Ageu. (Novamente, você poderá fazer a leitura em menos de 15 minutos.) Responda às perguntas:

   a. Qual é a "situação de vida" — a história e os problemas das pessoas na época em que o livro foi escrito? (Você pode obter todas as informações apenas com a leitura do livro.)
   b. O que há de comum entre a situação de hoje e a situação vivida pelas pessoas que leram o livro em primeiro lugar?
   c. Em que somos diferentes? Como isso influenciará a nossa interpretação do livro de Ageu?
   d. Que lição do livro de Ageu pode ser aplicada à nossa vida?

CAPÍTULO 7

O QUE ESTA PASSAGEM ESTÁ DIZENDO?

A maioria de nós já viveu a experiência de alguém citar incorretamente algo que dissemos ou escrevemos. O erro pode ter sido o de modificar, eliminar ou acrescentar uma ou duas palavras de maneira a alterar o sentido do que se quis transmitir. Pode ter sido ainda que a mensagem tenha sido passada fora do seu contexto, de maneira que o sentido foi distorcido. Essa é uma experiência frustrante porque não podemos negar que aquelas palavras foram ditas ou escritas, mas o sentido que lhes está sendo dado agora não corresponde ao que nós lhes quisemos dar.

Provavelmente, os escritores bíblicos se sentiriam muito frustrados se pudessem ver como os seus escritos costumam ser usados! Nesse aspecto, tanto pregadores como leigos são culpados. Alguns sermões muito bons já foram baseados em uma ou duas linhas das Escrituras usadas fora do seu contexto. Independentemente de quão bom e edificante um sermão possa ser, não deixa de ser desonesto atribuir autoridade a *nossas* ideias, inferindo que a Escritura citada sustenta o que estamos dizendo.

Examine o contexto da passagem

O que queremos dizer por “contexto”? Três tipos de contexto precisam ser considerados:

1. O contexto histórico.

O que estava acontecendo na vida daqueles a quem é dirigido o texto? Nenhum de nós vive num vácuo. Nosso pensamento é profundamente influenciado por nossa história. Há, nesse período, os reflexos de alguma guerra? Contra quem? Há alguma depressão econômica ou seca? O que uma pessoa escreve para outra será profundamente influenciado pelo contexto histórico em que ambas estão vivendo.

2. O contexto cultural.

Os costumes, hábitos e tradições com os quais nós crescemos influenciam a maneira com que pensamos e o que dizemos e fazemos. A cultura que imperava nos tempos bíblicos era bem diferente da nossa, e os escritos de então precisam ser analisados à luz desse contexto cultural.

3. O contexto literário.

Qual era o propósito do autor ao produzir o texto? Qual a lógica do seu pensamento? O que vem antes desse texto? O que vem depois dele? A maneira em que interpretamos a Bíblia tem de levar em consideração o contexto literário do texto específico que está sendo estudado.

Este capítulo tratará do contexto *literário*. Precisamos lembrar que os autores da Bíblia não dividiram o texto que produziram em capítulos e versículos. Estes foram acrescentados ao texto alguns séculos depois de ele ter sido escrito. O hábito de citar um versículo bíblico aqui e outro acolá, para provar determinado assunto, pode produzir grande injustiça para com o autor do texto.

Precisamos observar três aspectos do contexto: 1) a mensagem *básica* do livro, como um todo; 2) a lógica do raciocínio *que precede* o texto em questão; 3) o que vem *depois* do texto.

Contexto básico do livro inteiro

O contexto básico de qualquer passagem é o *livro todo*. Alguns livros da Bíblia são pequenos, outros são longos. Qualquer que seja o tamanho de um livro da Bíblia, precisamos observar primeiro o propósito e a mensagem básica do autor em particular. Por que o livro foi escrito? Qual a sua mensagem básica? Ao escrevê-lo, o autor tinha o objetivo de corrigir alguma heresia ou problema entre aqueles a quem o livro era dirigido? Foi escrito para enfatizar algum grande conceito da fé cristã? Quando Paulo escreveu a primeira carta aos Coríntios, ele estava atendendo a um pedido de ajuda por causa de sérios problemas de divisão e desordem nos cultos. Quando escreveu a primeira cara a Timóteo, ele estava lidando com um ensino falso que se estava infiltrando na igreja de Éfeso, naquela época.

Para estudar com profundidade qualquer texto, nós necessitamos ler rapidamente o livro todo. Imagine que estamos estudando Efésios 3:4-6. Precisamos saber o objetivo geral da carta aos Efésios. Ao ler o livro inteiro, nós podemos perceber que, nessa carta, Paulo estava explicando a natureza da igreja e a unidade que os cristãos têm em Cristo.

Escreva suas observações. À medida que fazemos a leitura de um texto, é bom preparar um resumo do sentido de cada parágrafo. Você pode escrever umas poucas palavras nas margens de sua Bíblia. Mesmo que o resumo preparado por um acadêmico bíblico seja profissionalmente mais correto do que o seu, você não o terá sempre à mão, como vai acontecer com o resumo que você preparar. Além disso, para que possa fazer as suas observações pessoais, você terá de *pensar* sobre o que está lendo.

Fazendo a leitura de todo o livro de Efésios e escrevendo títulos para cada parágrafo, você perceberá que quase todo o primeiro capítulo é uma figura do glorioso plano de salvação e uma oração para que os leitores possam experimentar essa glória.

Os capítulos 2 e 3 falam sobre a unidade que todos os cristãos têm em Cristo. Efésios 2:1-10 discorre sobre o que significa tornar-se vivo em Cristo. Efésios 2:11-22 aborda o fato de os cristãos gentios gozarem das mesmas bênçãos que os cristãos judeus na nova vida em Cristo. Eles se tornaram um, uma nova humanidade em Cristo.

O capítulo 3 trata da extraordinária unidade que os cristãos gentios e judeus têm em Cristo. A maneira em que Paulo enfatiza o assunto mostra como isso era importante para ele, sendo ele um cristão judeu escrevendo para cristãos gentios. Uma vez que hoje há tão poucos judeus cristãos em nossas igrejas, este assunto não parece importante para nós. Outras separações nos parecem bem mais importantes do que esta. No entanto, os ensinamentos de Paulo sobre a separação entre judeus e gentios pode mostrar a forma com que devemos tratar as divisões dentro de nossas igrejas, nos dias de hoje.

Nos capítulos 4 a 6, Paulo oferece orientações práticas de como os cristãos deveriam se comportar à luz da unidade em Cristo.

O que vem antes e o que vem depois do texto?

O sentido exato de um texto específico da Escritura é normalmente controlado pelos textos que o precedem e pelos que se seguem. Os autores da Bíblia se expressam geralmente por meio de ideias relacionadas, às vezes ligadas entre si por um tema geral, mas basicamente sustentadas pelos argumentos anteriores e posteriores ao pensamento específico. Para sabermos o que a Bíblia diz em determinado texto, precisamos saber o que o autor disse antes e depois dele.

Confira o que vem antes do texto que você está estudando. Depois de pensar sobre o contexto geral de Efésios, observe o contexto imediato. Efésios 3:4-6 faz parte se um texto em que Paulo fala sobre o relacionamento de judeus e gentios com Deus. Um pouco antes disso (Ef 2:14-16), o apóstolo desenvolve a ideia da unidade entre judeus e gentios na igreja. Pela reconciliação em Cristo, Deus tornou os dois — judeu e gentio — uma única pessoa: o cristão. Todos os cristãos — judeus e gentios — são parte do mesmo corpo: a igreja. Por meio de Cristo, judeus e gentios podem se aproximar de Deus em um só espírito (Ef 2:18). Os gentios que uma vez foram "estrangeiros e forasteiros", são agora cidadãos com os santos — os judeus santos — e, agora, todos são parte da "família de Deus" (Ef 2:19).

Saber o que está em Efésios 2 é essencial para entender Efésios 3:4-6:

> Pelo que, quando ledes, podeis perceber a minha compreensão do mistério de Cristo, o qual noutros séculos não foi manifestado aos filhos dos homens, como agora tem sido revelado pelo Espírito aos seus santos apóstolos e profetas; a *saber*, que os gentios são co-herdeiros, e de um mesmo corpo, e participantes da promessa em Cristo pelo evangelho...

Observe Efésios 3:6: "... os gentios são co-herdeiros, e de um mesmo corpo, e participantes em Cristo pelo evangelho". Se não soubéssemos o que vem antes disso, no capítulo 2, poderíamos perguntar: "co-herdeiros com quem? Membros de que 'mesmo' corpo? Participantes com quem das promessas de Cristo?". O capítulo anterior, porém, já nos revelou que Paulo está falando do "mistério" no qual os judeus cristãos e os gentios cristãos são colocados juntos, em Cristo, no mesmo corpo: a igreja.

Examine agora o texto seguinte à passagem que você está estudando. Observe Efésios 3:7-10:

> ... do qual fui feito ministro, pelo dom da graça de Deus, que me foi dado segundo a operação do seu poder. A mim, o mínimo de todos os santos, me foi dada esta graça de anunciar entre os gentios, por meio do evangelho, as riquezas incompreensíveis de Cristo, e demonstrar a todos qual seja a dispensação do mistério, que desde os séculos esteve oculto em Deus, que tudo criou; para que agora, pela igreja,

> a multiforme sabedoria de Deus seja conhecida dos principados e potestades nos céus.

Paulo agora está explicando que o seu chamado principal é levar as boas-novas aos gentios. A eles, ele proclamou o que anteriormente era um mistério (v. 9). Este "mistério" ou segredo era a maneira em que Deus haveria de trazer todas as pessoas — judeus e gentios — para experimentarem um relacionamento vivo com ele.

Estude os textos paralelos na Bíblia

Frequentemente encontramos ideias ou ensinamentos semelhantes em várias partes diferentes da Bíblia. Uma passagem pode reforçar ou lançar uma nova perspectiva sobre a compreensão de outra passagem. Essas passagens são chamadas de textos paralelos. Muitas vezes, os textos paralelos aparecem nas margens, ou rodapés das Bíblias. Num texto que realmente seja paralelo a outro, um autor pode oferecer melhor do que outro uma versão mais completa de um acontecimento, de uma parábola ou até mesmo de uma doutrina. Quando observamos vários relatos, conseguimos atingir uma percepção melhor da situação. No entanto, embora os textos paralelos sejam uma grande ajuda, o mau uso deles pode se tornar perigoso.

Às vezes o que parece paralelo não é. Uma passagem pode parecer abordar o mesmo assunto que outra que se encontra em um lugar diferente da Bíblia. No entanto, uma análise mais cuidadosa pode mostrar que não é bem assim. Somente o conteúdo real do texto poderá nos dizer se os contextos são realmente paralelos.

Por exemplo, em Efésios 3:3-6, o "mistério de Cristo" é que, nele, por meio da fé, judeus e gentios tornam-se "uma nova pessoa". Paulo, no entanto, usa a palavra mistério também em Colossenses 1:25-27:

> Da qual eu estou feito ministro segundo a dispensação de Deus, que me foi concedida para convosco, para cumprir a

> palavra de Deus; o mistério que esteve oculto desde todos os séculos, e em todas as gerações, e que agora foi manifesto aos seus santos; aos quais Deus quis fazer conhecer quais são as riquezas da glória deste mistério entre os gentios, que é Cristo em vós, esperança da glória.

Esse texto se parece um pouco com o de Efésios. Aqui, porém, Paulo define claramente o "mistério" como "Cristo em vós, a esperança da glória". Obviamente, as duas ideias estão relacionadas, mas não são idênticas. Efésios 3:6 não pode ser usado para definir o mistério de Colossenses 1:27, e vice versa. Os versos em Efésios discutem e definem parte do mistério sobre o qual Paulo escreve em Colossenses — Cristo em vós, a esperança da glória.

Exemplos de verdadeiros paralelos ocorrem com frequência nos Evangelhos. Quatro autores relataram a vida e os ensinamentos de Jesus. Um estudo paralelo desses relatos é extremamente valioso. Em alguns textos, os ensinos de Jesus estão organizados cronologicamente. Em outros, esses mesmos ensinos estão organizados por assunto. Não há dúvida de que Jesus repetia seus ensinamentos durante suas viagens. Às vezes, ele explicava detalhadamente para os seus discípulos determinado assunto que ele havia mencionado para a multidão que estivera ao redor dele.

Para entendermos o ensino de Jesus em qualquer assunto, é preciso analisar todos os textos paralelos e, cuidadosamente, olhar para o contexto de cada um deles.

Se vamos estudar os ensinos de Jesus sobre a paz e o uso da força, possivelmente teremos de estudar textos que se referem à espada. Em Mateus 10:34-36, Jesus diz:

> Não cuideis que vim trazer a paz à terra; não vim trazer paz, mas espada; porque eu vim pôr em dissensão o homem contra seu pai, e a filha contra sua mãe, e a nora contra a sua sogra; e assim os inimigos do homem serão os seus familiares.

Para quem Jesus disse estas palavras e em que circunstâncias? O contexto mostra que Jesus estava advertindo seus discípulos sobre os problemas que haveriam de lhes sobrevir à medida que eles saíssem a proclamar o Reino de Deus. Encontramos ensinamentos semelhantes em Marcos 13:13: "E sereis aborrecidos por todos por amor do meu nome; mas quem perseverar até o fim esse será salvo".

Quando, na noite anterior à sua crucificação, Jesus foi preso pelos soldados, ele falou também sobre a espada depois que um de seus discípulos cortou a orelha de um dos homens enviados pelo sumo sacerdote. Jesus lhe disse: "Mete no seu lugar a tua espada; porque todos os que lançarem mão da espada à espada morrerão" (Mt 26:52).

Esse incidente aparece nos quatro Evangelhos. Só Mateus registra estas palavras: "... todos os que lançarem mão da espada morrerão à espada". Só João revela que o discípulo que usou a espada foi Pedro e que o nome do homem ferido era Malco (Jo 18:10).

Por outro lado, o relato de Lucas diz que, antes de Jesus ir ao Getsêmani para orar, ele disse aos seus discípulos: "... o que não tem espada venda o seu vestido e compre-a" (Lc 22:36). Quando os discípulos disseram para Jesus que eles tinham duas espadas, ele disse: "Basta" (Lc 22:38).

Ao estudar qualquer assunto na Bíblia, é essencial que encontremos todos os textos que a ele se referem. Além disso, é necessário examinar o contexto de cada um dos textos, para que não os interpretemos erradamente ou ainda vejamos, nas palavras do autor, a nossa interpretação pessoal.

As palavras nem sempre têm o mesmo significado

Quando estamos estudando determinado assunto na Bíblia, é fácil nos esquecer que as palavras podem ter vários significados. Sabemos que isso é verdade em nossa língua. Vejamos, por exemplo, a palavra "manga". Num passeio pelo pomar, alguém pode dizer: "Vamos parar e comer uma 'manga'?". Essa mesma pessoa, porém, numa loja de roupas poderá dizer: "Estou procurando uma camisa de 'manga' curta". Ninguém vai confundir o significado de "manga" em cada uma dessas aplicações.

Algo semelhante acontece com frequência na Bíblia. Paulo usa a palavra "carne" em vários textos, dando-lhe significados diferentes. Em Romanos 8:12-13, ele diz: "De maneira que, irmãos, somos devedores, não à carne para viver segundo a carne. Porque, se viverdes segundo à carne, morrereis; mas, se pelo espírito mortificardes as obras do corpo, vivereis". Neste texto em que Paulo está contrastando a "carne" com o "espírito", ele emprega a palavra "carne" no sentido de egoísmo.

Já em Filipenses 1:22-24, o apóstolo usa a palavra "carne" com um sentido diferente: "Mas, se o viver na carne me der fruto da minha obra, não sei então o que deva escolher. Mas de ambos os *lados* estou em aperto, tendo desejo de partir, e estar com Cristo, porque isto é ainda melhor. Mas *julgo* mais necessário, por amor de vós, ficar na carne". Nesta passagem, "carne" se refere obviamente ao corpo físico, que pode morrer.

O contexto deve determinar o significado da palavra bíblica assim como determina o significado das nossas palavras. Precisamos também nos certificar de que o significado que estamos atribuindo às palavras é o mesmo que seria entendido por aqueles a quem o texto foi originalmente dirigido. Por exemplo, no grego, a palavra "cabeça"[1] nem sempre tinha a conotação de "autoridade". Precisamos ter cuidado para não aplicar às palavras da Bíblia o significado figurativo que elas têm em nosso idioma.

Perceba as organizações em tópicos

Na verdade, algumas partes do Antigo Testamento não apresentam nenhum contexto. Provérbios e Eclesiastes são uma coletâ-

[1] Para obter informações adicionais sobre o significado de "cabeça", no grego, v. o artigo " 'The Head' of the Epistles", na revista *Christianity Today*, Fev. 20, 1981, escrito por Berkeley e Alvera Mickelsen.

nea de ditados, provérbios e enigmas para os quais não há nenhum contexto imediato. No entanto, o autor organizou esses ditados de forma temática.

Vez por outra, esse tipo de organização pode ser encontrado nos Evangelhos, especialmente nos ensinos de Jesus. Por exemplo, em Lucas 16:14-18, cinco tópicos são discutidos em cinco versículos.

Versículo	*Tópico*
14. E os fariseus, que eram avarentos, ouviam todas estas *coisas*, e zombavam dele.	Os fariseus ridicularizaram Jesus por causa de seu ensino sobre a riqueza.
15. E disse-lhes: Vós sois os que vos justificais a vós mesmos diante dos homens, mas Deus conhece os vossos corações; porque, o que entre os homens é elevado, perante Deus é abominação.	Jesus declara que Deus conhece o coração das pessoas.
16. A lei e os profetas *duraram* até João; desde então é anunciado o reino de Deus, e todo o homem emprega força para entrar nele.	A lei e os profetas eram até João, mais a proclamação e a resposta ao Reino de Deus.
17. E é mais fácil passar o céu e a terra do que cair um til da lei.	O céu e a terra vão desaparecer antes que o menor detalhe da lei seja invalidado.
18. Qualquer que deixa sua mulher, e casa com outra, adultera; e aquele que casa com a repudiada pelo marido adultera *também*.	Divórcio

O que podemos fazer nessas circunstâncias? Um passo é tentar encontrar um paralelo genuíno em outro livro do mesmo autor ou em outro livro do mesmo período. Por exemplo, Lucas 16:18 fala sobre divórcio, mas há um registro mais completo com um contexto mais abrangente em Mateus 19:3-12.

Um exame fiel do contexto nos ajudará a apreciar o que foi dito àqueles a quem o autor se dirige e como isso deve ser aplicado aos nossos dias, se este for o caso.

Questões para discussão

Escolha um livro da Bíblia que seja pequeno e que você possa lê-lo rapidamente — 2 João é um bom exemplo.

1. Leia o livro todo e procure descobrir o foco principal.

2. Leia o livro inteiro novamente, dando agora título a cada parágrafo. (Você pode até mesmo mudar os parágrafos se não concordar com a divisão feita pelos editores. Esses parágrafos não faziam parte do texto original.)

3. Escolha dois ou três versículos que sejam significativos para você e que você gostaria de estudar melhor. Por exemplo, talvez você queira escolher os versos 5 e 6.

4. Preste atenção às ideias que vêm antes dos versículos escolhidos. Como essas ideias influenciam no significado dos versos que você escolheu?

5. Preste atenção no que vem depois dos versículos escolhidos. O significado que você está dando a esses versículos dão sentido ao que vem depois deles?

6. O que mais o autor fala sobre o assunto no restante do capítulo? (Se você estivesse estudando um livro mais longo, a pergunta seria: o que mais o autor fala sobre esse assunto no restante do livro?) O que o autor fala em outros livros?

Se você escolher os versos 5 e 6, use uma concordância para ver onde mais João, em seus escritos, fala sobre amar uns aos outros. Por exemplo, veja 1 João 4:7-21. O que ele escreveu nesse texto é coerente com o significado que você está atribuindo à expressão "amai-vos uns aos outros"? Esse segundo texto acrescenta sentido ao seu estudo?

CAPÍTULO 8

A BÍBLIA ESTÁ REPLETA DE LINGUAGEM FIGURADA

Quando falamos em linguagem figurada na Bíblia, alguns cristãos mostram-se preocupados. Eles acham que ver alguma coisa como figurativo significa que aquilo é imaginário ou irreal. Isso é um erro.

Neste livro, a palavra *literal* refere-se ao significado de uma palavra ou expressão no seu uso comum e ordinário. A palavra "*figurada*" refere-se ao significado de uma palavra ou expressão quando comparado com o de outra palavra ou expressão. Essa comparação é chamada analogia. Quando Jesus disse "Eu sou o pão da vida" (Jo 6:35), ele usou uma linguagem figurada — fez uma analogia. Ele quis dizer que é espiritualmente para as pessoas o que o pão é fisicamente para elas — o sustentador da vida. Aqui, o significado figurado de "pão" tem uma importância ainda maior e é ainda mais real do que o significado literal ou ordinário da palavra.

Fazemos esse tipo de comparação e criamos essas imagens constantemente quando explicamos alguma coisa para crianças. Uma criança pergunta: "Como é uma nuvem por dentro? É como algodão?". O pai pode responder: "Não, uma nuvem não é como algodão. É mais parecida com uma neblina densa". Alguma coisa que a criança conhece por experiência — neblina densa — é usada para explicar algo que ela não conhece — a percepção de uma nuvem.

Comumente, todos usam a linguagem figurada no cotidiano. Quando dizemos "Ele é pau pra toda obra" ou "Ela é uma rocha", o sentido está claro para o ouvinte. Isso não quer dizer que o homem é feito de madeira como um pedaço de pau ou que a mulher é enorme como uma rocha. Ao invés disso, as expressões referem-se a uma importante característica que a pessoa apresenta em comum com o que ela está sendo comparada. E nós reconhecemos imediatamente qual é o ponto relevante da comparação.

Nas figuras de linguagem bíblicas, esses pontos relevantes de comparação eram óbvios e não deixavam dúvidas para os ouvintes ou leitores originais. Devemos estar certos de que sabemos qual é o ponto de comparação e procurar não forçar a linguagem figurada além do que ela, realmente, representa.

Figuras de linguagem são comuns na Bíblia

Jesus, o professor mestre, ensinava novas verdades aplicando sempre em suas palavras fatos e realidades comuns à vida de seus ouvintes. Era tão habilidoso no uso da linguagem figurada, que os que o ouviam falar não se davam conta de que ele tinha usado uma figura. Sua mensagem atingia o alvo certeira e imediatamente.

Jesus retirava da vida familiar de seus ouvintes as figuras que usava em suas falas. Referia-se a raposas, ovelhas, pássaros, o grão de mostarda, as folhas das árvores, crescimento de frutas, os sinais do tempo — tudo fazia parte da vida cotidiana daqueles a quem dirigia sua palavra.

Ia buscar imagens nos costumes usados em cerimônias de casamentos, no relacionamento pai-filho, em qualidades encontradas nas crianças, nas partes da casa (porta, chave), e em serviços feitos em casa, como consertar, varrer o chão, costurar, cozinhar.

Para Jesus, imagens e analogias eram a linguagem da vida. Os profetas do Antigo Testamento também usavam muito a linguagem figurada. É essencial reconhecer esse tipo de linguagem.

Jesus ensinava por meio de símiles — comparações explícitas feitas com palavras ou expressões como estas: "como" "assim como", "tal como". Em Lucas 10:1-3, o evangelista descreve Jesus enviando os setenta discípulos para preparar o caminho por onde ele passaria. Ele lhes disse exatamente o que deveriam esperar: "... eis que vos mando *como* cordeiros ao meio de lobos" (v. 3, grifo do autor). Jesus reconheceu crescimento de animosidade contra ele. Ele tinha inimigos amedrontadores — lobos —, e os discípulos — cordeiros — não tinham experiência nesse tipo de conflito. A palavra que denota ser isso uma símile é "como".

Em Mateus 23:37, Jesus olhou para Jerusalém e disse: "... quantas vezes quis eu ajuntar os teus filhos, *como* a galinha ajunta os seus pintos debaixo das asas, e tu não quiseste!" (grifo do autor). Os termos de comparação são a preocupação e o cuidado que a galinha tem com seus pintinhos, e o amor e cuidado que Jesus queria oferecer ao seu povo.

Jesus usou outra símile para descrever sua segunda vinda. Mateus 24:26, 27 diz: "Portanto, se vos disserem: Eis que ele está no deserto, não saiais; Eis que ele está no interior da casa; não acrediteis. Porque, assim *como* o relâmpago sai do oriente e se mostra até o ocidente, assim será também a vinda do Filho do homem" (grifo do autor).

A comparação indicada pelo "como" é com relação à vinda de Cristo, que será tão visível como o relâmpago que pode ser visto de leste a oeste. Aparentemente, Jesus usou essa símile para corrigir qualquer ideia incorreta de uma vinda secreta de Cristo em algum lugar do deserto ou no interior de uma casa.

Símiles são comuns tanto no Antigo como no Novo Testamentos. O livro de Apocalipse é repleto delas. O Apocalipse tem de fato tantas símiles, que o leitor precisa pensar sobre cada uma fazendo perguntas como estas: Por que João entendeu que deveria usar uma símile neste texto? Como esta símile nos ajuda a entender a ideia que está sendo apresentada aqui? Mesmo com a símile, o que, nesta passagem, permanece desconhecido para o leitor ou entendido apenas de um modo geral?

Ainda que nos mostrando gratos pela iluminação que as símiles trazem para a nossa compreensão do texto bíblico, não devemos tentar fazer com que elas revelem mais do que realmente o autor quis comunicar por meio delas. Símiles são como flores selvagens: se as cultivarmos excessivamente, elas perdem sua beleza.

Metáforas são comuns na Bíblia. A metáfora consiste no uso de uma figura de linguagem na qual o autor descreve alguma coisa usando para isso os termos de outra.

São palavras de Jesus em Lucas 12:32: "Não temas, *ó pequeno rebanho*, porque a vosso Pai agradou dar-vos o reino" (grifo do autor).

Essa metáfora, que descreve os seguidores de Jesus como um rebanho de ovelhas, continua em João 10:16: "Ainda tenho outras ovelhas que não são deste aprisco; também me convém agregar estas, e elas ouvirão a minha voz, e haverá um rebanho e um Pastor". Por meio desta metáfora, Jesus transmitiu seu conceito de igreja.

Com outra metáfora, Jesus ensinou que laços espirituais são mais fortes e mais importantes do que laços físicos. "... Minha mãe e meus irmãos são aqueles que ouvem a palavra de Deus e a executam" (Lc 8:21).

Muitas metáforas no Antigo e no Novo Testamentos descrevem o poder de Deus com o emprego de termos que indicam partes do corpo e movimentos físicos. Estas são tecnicamente conhecidas como *antropomorfismos*. "Eis que *a mão do Senhor* não está encolhida, para que não possa salvar; nem *o seu ouvido* agravado, para não poder ouvir" (Is 59:1; grifo do autor). Outro antropomorfismo — "o braço do Senhor" — surge muitas vezes no Antigo Testamento. Sabemos que Deus não tem um braço físico, ou um ouvido, ou uma mão. Ainda assim, esta linguagem metafórica nos dá uma imagem mais viva do poder de Deus do que encontraríamos numa investigação teológica sobre a onipotência divina.

Outro tipo de metáfora, conhecida como *antropopatia*, é usada para atribuir a Deus emoções, sentimentos e reações próprias do ser humano. A *tristeza* de Deus é mencionada em Gênesis 6:6 e em Efésios 4:30. A *ira* de Deus é apontada em João 3:36, Apocalipse 14:10; 15:1-7, e em outras passagens bíblicas. A *fúria* de Deus tem o seu papel em Jó 9:13, Jonas 3:9 e Marcos 3:5.

É isso uma linguagem metafórica? Na verdade, Deus não experimenta a tristeza, a ira e a fúria? A resposta é sim, ele experimenta esses sentimentos. Entretanto, ele não os conhece do mesmo modo que o homem. Emoções humanas são altamente complexas. Frequentemente, a tristeza envolve autocomiseração, e a ira tende a vir juntamente com um desejo de vingança. Dessa forma, uma imagem precisa da tristeza e da ira de Deus deve excluir tais reações pecaminosas. A reação de Deus não é prejudicada por elementos corruptores.

Quando lidamos com esse tipo de linguagem metafórica na Bíblia, devemos remover a autocentralização que é frequentemente uma parte de nossas emoções. Quando dizemos "Deus ama", "Deus está irado" ou "Deus está satisfeito", nós não devemos misturar nessas ideias os elementos pecaminosos que geralmente fazem parte do amor, da ira e da satisfação humana. Deus não é a ampliação de um ser humano.

Palavras de associação aparecem na Bíblia com frequência. Estas são comuns em nossa língua. Nos Estados Unidos, "Casa Branca" tornou-se um sinônimo de presidente. "A Casa Branca decidiu fazer um discurso hoje" refere-se na verdade ao presidente ou àqueles a quem ele delegou autoridade. Substituições como essas são naturais ao nosso raciocínio, e elas eram naturais ao raciocínio dos autores das Escrituras. Algumas vezes, entretanto, a associação não é tão clara para nós como o era para os primeiro leitores ou ouvintes da mensagem bíblica. Por exemplo, o nome Efraim — nome de uma das dez tribos do Reino do Norte — é frequentemente usado como um sinônimo para todo o Reino do Norte de Israel, e Judá tornou-se o nome para o Reino do Sul, que, na verdade, incluía as tribos de Judá, Simeão e parte de Benjamim.

Paulo usou associações com os termos "circuncisão" e "incircuncisão". Romanos 3:30 diz: "Se Deus é um só, que justifica pela fé a circuncisão, e por meio da fé a incircuncisão". O contexto mostra que "circuncisão" refere-se aos judeus, e "incircuncisão", aos gentios.

Em outras figuras de linguagem, o todo é usado para uma parte, ou uma parte para o todo. Uma pessoa pode ser usada para significar uma classe de pessoas, ou uma classe de pessoas pode ser usada para significar uma pessoa. Em Romanos 1:16, Paulo escreveu: "Porque não me envergonho do evangelho de Cristo, pois é o poder de Deus para salvação de todo aquele que crê: primeiro do judeu, e também do grego". Obviamente, "judeu" e "grego" significam *judeus* e *gregos*.

Juízes 12:7, traduzido literalmente, diz: "E Jeftá julgou a Israel seis anos; e Jeftá, o gileadita, faleceu, e foi sepultado nas *cidades* de Gileade". É evidente que Jeftá não poderia ser enterrado em mais de *uma* cidade. Por que o texto refere-se a *cidades*? Embora Jeftá tivesse servido os interesses de todas as tribos de Israel, sua tribo, como um *grupo*, reivindicou seu lugar de sepultamento. A maioria dos tradutores desta passagem adicionou a expressão *uma das*, em itálico, antes da palavra "cidades", para indicar uma adição ao texto original. Essa figura de linguagem, no entanto, que indica *um grupo como uma totalidade*, enfatiza a força dos laços entre as tribos de Israel.

Uma figura de linguagem pitoresca deste tipo aparece em Miqueias 4:3 e em Isaías 2:4: "... e estes converterão as suas espadas em enxadões e as suas lanças em foices...". O abandono de duas armas — espadas e lanças — refere-se ao desarmamento total.

A imagem é revertida em Joel 3:10, que diz: "Forjai espadas das vossas enxadas, e lanças das vossas foices". Isto é muito mais dramático do que dizer: "Armem-se para a guerra, organizem as pessoas para um conflito militar".

Figuras poéticas de personificação. Em personificações, qualidades pessoais são atribuídas a um objeto ou uma ideia. Jesus usou com frequência essa figura de linguagem. Em Mateus 6:34, ele disse: "Não vos inquieteis pois pelo dia de amanhã, porque o dia de amanhã cuidará de si mesmo. Basta a cada dia o seu mal". Inquietação é uma característica de pessoas, não de dias ou amanhãs, mas Jesus escolheu essa forma pitoresca de descrever a estupidez de nos torturarmos com a preocupação desnecessária pelo futuro.

Os salmos estão cheios de personificações vívidas. No Salmo 114, o autor celebra a libertação que Deus promoveu para os judeus do Egito. Ele escreve, em poesia:

> O mar viu isto, e fugiu;
> o Jordão tornou atrás.
> Os montes saltaram como carneiros,
> *e* os outeiros como cordeiros.
> ....
>
> Treme, terra, na presença do Senhor,
> na presença do Deus de Jacó. (v. 3, 4, 7)

Eufemismos na Bíblia. Eufemismo é um tipo de suavização usado com frequência na Bíblia. É a substituição de um termo mais direto, que pode ser ofensivo ou desagradável, por outro mais indireto ou delicado. Nós usamos um eufemismo quando dizemos "ele partiu", ao invés de dizer "ele morreu".

Quando o Antigo Testamento discute sobre sexo, geralmente usa eufemismos. Levítico 18:6, traduzido literalmente, diz: "Nenhum homem se chegará a qualquer parenta da sua carne, para descobrir a sua nudez". Os tradutores geralmente esclarecem a primeira expressão — "parenta da sua carne" —, substituindo-a por "parenta próxima" ou "parenta de sangue". A expressão "descobrir a nudez" é um eufemismo do Antigo Testamento para relações sexuais ou contrato matrimonial. A passagem de Levítico é um alerta contra incesto.

Talvez devêssemos considerar o valor do uso de eufemismos corretos nos dias de hoje. A linguagem do Antigo Testamento é suficientemente direta para que os seus primeiros leitores — o povo hebreu — soubessem exatamente o que estava sendo discutido. Ao mesmo tempo, não há preocupação excessiva com detalhes. O Antigo Testamento não é cheio de pudor ou despudorado, em se tratando de sexo. O eufemismo ajudou neste aspecto.

Hipérboles devem ser reconhecidas e compreendidas na Bíblia. Hipérbole significa exagero consciente e é comum na nossa fala. Falamos sorridentemente: "Eu vou te matar por esse comentário", quando na verdade o que queremos expressar é que estamos um pouco aborrecidos com o que ouvimos. Se uma pessoa diz: "Estou morta depois de um dia como este", nós sabemos que ela quer dizer "Estou cansada".

Hipérboles são abundantes em todas as línguas, inclusive na linguagem bíblica. Jesus usou abertamente esse recurso. Ele disse: "Portanto, se o teu olho direito te escandalizar, arranca-o e atira-o para longe de ti, pois te é melhor que se perca um dos teus membros do que seja todo o teu corpo lançado no inferno. E, se a tua mão direita te escandalizar, corta-a e atira-a para longe de ti, porque te é melhor que um dos teus membros se perca do que seja todo o teu corpo lançado no inferno" (Mt 5:29-30).

Pessoas racionais não cortam fora suas mãos ou arrancam seus olhos. A hipérbole feita por Jesus diz que é mais importante para uma pessoa estar completa e bem espiritualmente do que fisicamente. Riqueza espiritual precede o bem-estar físico.

Infelizmente, nem todas as instâncias das hipérboles são facilmente reconhecidas. Imediatamente após a passagem mencionada, Jesus argumentou sobre o divórcio, dizendo: "... qualquer que repudiar sua mulher, a não ser por causa de prostituição, faz que ela cometa adultério...". Isso é uma hipérbole? A resposta não é fácil e torna-se uma questão de interpretação e julgamento. Mesmo que entendamos isto literalmente ou como uma hipérbole, ainda assim a mensagem é muito clara: o casamento é sagrado e Deus quer que ele seja permanente.

Essa passagem deve ser considerada juntamente com Mateus 5:27-28, que também fala de adultério. Aqui Jesus disse: "Ouvistes que foi dito aos antigos: Não cometerás adultério. Eu, porém, vos digo, que qualquer que atentar numa mulher para a cobiçar, já em seu coração cometeu adultério com ela". Isto é uma hipérbole? Jesus quis mesmo dizer que, para Deus, os olhares cobiçosos são equivalentes ao adultério?

Esse exemplo não é dado para confundir o leitor, mas para mostrar o quanto são complexos os problemas que cercam a interpretação das simples figuras de linguagem usadas por Jesus.

A ironia aparece na Bíblia. Com a ironia, o escritor ou o orador refere-se exatamente ao oposto do que suas palavras estão dizendo. Se dois amigos se encontram num dia de muito calor e um diz ao outro "Eu estou congelando, Joe; como você está?", nós reconhecemos que isso é uma ironia.

À pergunta "como foi a prova?", um estudante pode responder: "Você conhece o professor Smith. Ele sempre dá provas fáceis". O tom da voz, porém, indica que o estudante pensa exatamente o contrário — que o professor Smith sempre dá provas difíceis, e aquela não foi uma exceção.

A ironia é uma ferramenta útil na escrita, mas, como não podemos ouvir o tom da voz do autor bíblico, um estudo cuidadoso do contexto é essencial se quisermos reconhecer no texto o emprego da ironia. Efetivamente, Jesus usou da ironia. Porque não podemos escutar o tom de sua voz, às vezes falhamos no reconhecimento desse recurso de comunicação. Em Mateus 23, Jesus pronunciou uma lista longa de denúncias contra os fariseus, destacando em detalhes seus pecados anteriores, desprezando sua justiça própria e as alegações de que, se tivessem vivido nos dias dos seus antecessores, eles não teriam matado os profetas, como fizeram seus ancestrais.

Em seguida, Jesus disse: “Enchei vós pois a medida de vossos pais” (Mt 23:32). Isto é uma ironia. Os fariseus estavam determinados em sua intenção de destruir Jesus. Nem os milagres feitos por Jesus, nem seus ensinamentos, mudaram as atitudes daqueles fariseus. Jesus os está abandonando ao destino que eles próprios escolheram. Em essência, ele está dizendo: “Apenas continuem com seus pecados. Em breve vocês completarão todos os pecados que faltaram aos seus ancestrais”. Jesus não os estava insultando ou encorajando a continuarem pecando até matá-lo; ele estava empregando a ironia.

Paulo usou de ironia em 1 Coríntios 4:8. Ele estava discutindo o espírito partidário que estava havendo em Corinto, onde grupos tomavam partido como se estivessem a favor de Paulo, Apolo ou Cefas. Suas ostentações sobre estar num grupo ou outro mostrava que eles se sentiam como possuidores orgulhosos, ao invés de denotar uma atitude de recebedores. Paulo acrescenta, então, uma nota de ironia: “Já estais fartos! já estais ricos! sem nós reinais! e oxalá reinásseis para que também nós reinemos convosco”. Paulo usou de ironia para combater o orgulho daqueles cristãos. Os cristãos de Corinto pensavam que eles eram tão ricos em ensinamentos espirituais, que poderiam discutir sobre qual era o melhor professor. Paulo acrescenta: “... e oxalá reinásseis para que também nós reinemos convosco!”. Ele diz que, se isso fosse verdade, ele e os outros apóstolos estariam livres do sofrimento e da opressão. Paulo usou de ironia para mostrar o abismo entre o imaginário e o real.

As figuras de linguagem na Bíblia enriquecem tanto seu conteúdo como seu valor literário. No entanto, para tirar proveito ao máximo dessas figuras, o leitor precisa reconhecer o que está lendo e interpretar o texto de acordo com o que lê.

Questões para discussão

Leia Isaías 1:1-31. Este capítulo é repleto de figuras de linguagem. Nele encontramos símiles, metáforas, personificações, antropomorfismos e antropopatias.

1. Personificações — qualidade humana atribuída a alguma coisa não humana).
   a. O que é personificado no versículo 2? O que a personificação acrescenta ao sentido?
   b. O que é personificado nos versículos 5 e 6? O que essa personificação acrescenta ao sentido e à vivacidade?

2. Símiles e metáforas — comparações.
   a. Qual é a comparação feita no versículo 8? Observe como um pouco do significado da comparação é perdido por causa das mudanças na cultura daquela época em relação à atualidade. Se o profeta estivesse escrevendo para leitores dos dias atuais, o que ele poderia dizer no lugar de "como a cabana na vinha, como a choupana no pepinal, como cidade sitiada"? (Procure "cabana" num dicionário bíblico para ver o significado original da palavra).
   b. Qual é a comparação feita no versículo 18? Observe que para nós a "lã" não é obrigatoriamente branca. O que o profeta poderia ter dito se ele escrevesse nos dias de hoje?
   c. Qual a comparação feita no versículo 30? Qual é o significado dessa figura de linguagem? Observe que a comparação é feita no versículo 29, no qual "carvalhos" e "jardins" têm conexão específica com idolatria (v. Is 57:5; 65:3). Procure o significado de "jardins" num dicionário bíblico.

3. Antropomorfismos e antropopatias — expressões que atribuem qualidades humanas a Deus.
   a. Quais as partes do corpo atribuídas a Deus no versículo 15? Qual a mensagem a respeito de Deus que isso traz para você?
   b. Que emoções humanas são atribuídas a Deus nos versículos 10-14 e 24-26? Essas emoções são diferentes das emoções similares sentidas por você?

4. Hipérbole — exagero consciente. Leia Lucas 14:25-33.
   a. Há exemplos de hipérbole nessa passagem?
   b. Qual a mensagem contida na hipérbole? Como você sabe que é uma hipérbole? Se esses versos fossem lidos no sentido literal e não como uma hipérbole, eles seriam contraditórios a outros ensinamentos do Novo Testamento?

CAPÍTULO 9

PARÁBOLAS E ALEGORIAS

Parábola é uma história curta, de ficção, que ensina uma verdade por comparação. Geralmente, as parábolas enfocam apenas um ponto de comparação. Alegoria é uma história ou ensinamento transmitido sob forma figurada. Frequentemente, a alegoria envolve diversas comparações, nas quais fatos ou ensinamentos na história representam alguma coisa específica. Jesus usou parábolas com frequência; mas usou poucas alegorias. Algumas diferenças podem ser percebidas pela comparação entre parábolas e alegorias:

Numa parábola	*Numa alegoria*
1. Palavras são usadas *literalmente.*	1. Palavras são usadas *figurativamente.*
2. Há *um* ponto principal de comparação.	2. Há *vários* pontos de comparação.
3. Imagens são *distintas* das coisas que elas representam.	3. Imagens são *identificadas com* as coisas que elas representam.
4. O sentido é explicado por meio *do que* a imagem representa sob a luz do ponto principal da história.	4. O sentido é explicado mostrando-se *por que* a imagem é identificada com a realidade e que verdades específicas são ensinadas.

5. A história é *fiel aos fatos e experiências da vida.*	5. A história *mistura experiências reais com irreais* para permitir que a narrativa ensine verdades específicas.

É importante fazer a diferença entre alegoria e alegorização. Na alegorização, uma simples narrativa histórica ou parábola é feita para ensinar algo completamente diferente do que o autor intenciona transmitir. Na alegorização, o intérprete ignora o que o autor quis dizer, e procura por significados ocultos. Por esse método, as parábolas de Jesus e muitas das histórias do Antigo e do Novo Testamentos têm sido mal interpretadas.

As alegorizações eram comuns na igreja dos tempos de Orígenes (200 a.D.) até a época de Lutero (1500 a.D.). Vestígios desse método ainda aparecem em alguns artigos e pregações atuais. Orígenes interpretou a história da entrada triunfal de Cristo desta maneira: o jumento representa a carta do Antigo Testamento; o manto do jumento fala do Novo Testamento; os dois apóstolos que foram buscar os animais e os trouxeram para Jesus representam o sentido moral e o sentido espiritual do fato.

Assim um pregador no século V elaborou uma alegorização a respeito do morticínio comandado por Herodes sobre as crianças em Belém: o fato de somente crianças de dois anos de idade ou menos terem sido mortas, enquanto as de três anos supostamente escaparam, quer nos ensinar que os que crêem na Trindade serão salvos, ao contrário dos outros que, indiscutivelmente, perecerão. Essa alegorização mostra ao ouvinte ou leitor o que o *intérprete* pensa, mas ignora o propósito do autor bíblico.

No Novo Testamento, há algumas alegorias. Existe, no entanto, apenas um exemplo claro de alegorização — Gálatas 4:21-31. Nessa passagem, Paulo cria uma alegorização quando diz que Agar e Sara representam as duas alianças: Agar, a antiga aliança (o judaísmo) e o monte Sinai; Sara, a nova aliança, a Nova Jerusalém.

Na Bíblia, as parábolas e as alegorias são muito diferentes da alegorização de uma história narrada ou de uma parábola fora do contexto bíblico. As parábolas não foram feitas com a intenção de se tornarem alegorizações.

As parábolas de Jesus enfocavam o Reino de Deus

As parábolas de Jesus, assim como todos os seus ensinamentos, geralmente enfocavam o *Reino de Deus*. Seus ensinamentos sobre o Reino de Deus eram realmente o centro de sua mensagem. A palavra grega *basileia*, que significa o reino real de Deus, aparece mais de cem vezes nos Evangelhos. Cada uma das parábolas de Jesus geralmente ilustrava algum aspecto do Reino de Deus.

Na parábola do joio e do trigo (Mt 13:24-30), Jesus mostrou que o Reino de Deus está presente aqui, mas não é absoluto. O joio não é arrancado ainda porque esse processo pode danificar o trigo. "Deixai crescer ambos juntos até à ceifa" (Mt 13:30), quando o joio será queimado e o trigo guardado no celeiro.

Depois de explicar a parábola aos seus discípulos, Jesus descreveu a consumação da história quando o Reino de Deus será pleno:

> Mandará o Filho do homem os seus anjos, e eles colherão do seu reino tudo o que causa escândalo, e os que cometem iniquidade. E lançá-los-ão na fornalha de fogo; ali haverá pranto e ranger de dentes. Então os justos resplandecerão como o sol, no reino de seu Pai. Quem tem ouvidos para ouvir, ouça (Mt 13:41-43).

Tudo isso está no tempo futuro, quando o Reino de Deus será completo.

Na parábola sobre o homem valente que tem sua casa saqueada depois de lhe atarem as mãos, Jesus enfatizou o aspecto *presente* do Reino de Deus. Os fariseus acusaram Jesus de fazer milagres pelo poder de Belzebu, o príncipe dos demônios (Mt

12:24; Mc 3:22). Jesus lhes respondeu com uma série de pequenas parábolas sobre um reino dividido, uma cidade dividida e uma casa dividida, que não podem ser sustentados (Mt 12:25-29).

A parábola da casa do homem valente sendo saqueada, enfocava os milagres de Jesus como prova do seu poder para amarrar Satanás. "Mas, se eu expulso os demônios pelo Espírito de Deus, é conseguintemente chegado a vós o reino de Deus" (Mt 12:28). Os milagres de Jesus eram amostras do poder de Cristo e de como será o Reino de Deus quando ele chegar à sua completude.

Nas parábolas sobre a ovelha perdida e sobre a moeda perdida, descritas em Lucas 15:1-10, a graça de Deus é mostrada quando o pastor e a mulher têm a iniciativa de encontrar o que estava perdido. Deus se alegra com a resposta à sua graça. Na parábola da ovelha perdida, Deus é representado pelo pastor. Na outra, a mulher que perdeu a moeda é que o representa.

Duas parábolas se aplicam a grandes crises no Reino de Deus. A primeira delas é a dos maus inquilinos da vinha, que mataram o filho do dono (Mt 21:33-46; Mc 12:1-12; Lc 20:9-19). No final da parábola, Jesus perguntou aos seus ouvintes o que o dono faria: destruiria os inquilinos e daria a vinha a outros. Mateus 21:43 registra a aplicação de Jesus: "Portanto eu vos digo que o reino de Deus vos será tirado, e será dado a uma nação que dê os seus frutos".

Nos três Evangelhos, as descrições revelam que os líderes judeus reconheceram que a parábola era sobre eles. Sua raiva era tão grande, que eles queriam prender Jesus imediatamente, mas estavam com medo da multidão. Essa parábola da crise se refere à vida terrena e à morte de Jesus.

Outra parábola ainda refere-se a uma crise que está por vir no Reino de Deus — o retorno de Cristo para completar seu trabalho messiânico. É a parábola das dez virgens — cinco delas, loucas, e cinco, prudentes (Mt 25:1-13). As virgens prudentes estavam sempre preparadas para a vinda do noivo; as loucas ficaram sem azeite para as suas lâmpadas. Assim Jesus concluiu a parábola: "Vigiai pois, porque não sabeis o dia nem a hora em que o Filho do homem há de vir" (Mt 25:13). Quando lemos as parábolas, devemos procurar pelo ponto principal da história e observar se está relacionado com o Reino de Deus.

Na conclusão de algumas das parábolas, há um breve ensinamento que sumariza a lição. Algumas vezes, a mesma conclusão é anexada a várias parábolas. Aparentemente, Jesus usou histórias após histórias para transmitir certos ensinamentos importantes.

O conceito de que "os últimos serão os primeiros e os primeiros, os últimos" (ou alguma variação disso) aparece diversas vezes na Bíblia. A ideia é usada na parábola dos trabalhadores que foram contratados em horários diferentes do dia (Mt 20:1-16); aparece após a conversa de Jesus com o jovem rico (Mt 19:16-30) e também com seus ensinamentos, em Lucas 13:22-30.

O Antigo e o Novo Testamentos contêm alegorias

Podemos encontrar alegorias tanto no Antigo quanto no Novo Testamento. Essas são frequentemente acompanhadas de suas explicações. Em Provérbios 5:15-19, a fidelidade matrimonial é enaltecida pelo encorajamento de um homem que beba da própria cisterna e não da cisterna de outro. A explicação segue nos versos 20 a 23, nos quais o mandamento é repetido em linguagem não alegórica simples. Uma brilhante alegoria aparece em Eclesiastes 12:1-7, onde o envelhecimento é descrito com a citação de elementos domésticos que param de funcionar.

No Novo Testamento, há várias alegorias importantes. Uma delas é a da videira e os galhos (Jo 15:1-11) e outra, a alegoria que Paulo elabora sobre o edifício (1 Co 3:10-15). Em Efésios 6:10-17, a armadura do crente é descrita por meio de uma comparação com armas, e, em João 10:1-16, Cristo é visto como o bom pastor.

A mais famosa alegoria talvez seja a da última ceia, que incluiu também a dramatização (Mt 26:26-29; Mc 14:22-25; Lc 22:14-23). Jesus tomou o pão e, depois de abençoá-lo, ele o partiu, deu aos discípulos e disse: "Tomai, comei, isto é o meu corpo". Em seguida, ele pegou o cálice e, depois de orar agradecendo por ele, deu-o aos discípulos, dizendo: "Bebei dele todos; porque isto é o meu sangue, o *sangue* do Novo Testamento, que é derramado por muitos, para remissão dos pecados" (Mt 26:26-28).

Esta alegoria tem duas partes, e Jesus nomeou-as claramente — o pão, que é o seu corpo, e o vinho, que é o seu sangue, derramado por muitos para perdão dos pecados. O fato de ser uma alegoria não torna menos reais as verdades que Jesus pretendeu revelar nessa ocasião.

A parábola da videira e dos galhos (Jo 15:1-11) mostra como Cristo usou alegorias para ensinar algo importante. Jesus fez três comparações relevantes. A primeira enfatiza a importância da videira — Cristo — e a sua relação com os galhos — os cristãos: "... porque sem mim nada podeis (plural) fazer" (Jo 15:5). A segunda comparação enfatiza a ação do lavrador — o Pai (Jo 15:1). O Pai está preocupado com a produção de frutos. Ele elimina galhos que não dão frutos para aumentar a produção dos galhos ligados à videira. A última grande comparação é a dos galhos com os cristãos (Jo 15:5). Esta ilustra uma das características frequentes da alegoria — a mistura de experiências reais com irreais para permitir que a narrativa ensine verdades específicas.

Na alegoria da videira e dos galhos, estes "permanecem" na videira. Na verdade, um galho não pode escolher "permanecer" na videira. Ele não pode, de fato, escolher nada. Nessa alegoria, os discípulos são desafiados a "permanecer nele" como um ato de vontade própria. O versículo 6 diz: "Se alguém não estiver em mim, será lançado fora, como a vara, e secará; e os colhem e lançam no fogo, e ardem".

Obviamente, Jesus não estava pensando numa ligação inanimada de um galho a uma videira. Ele estava pensando numa relação vital, ativa, como diz o versículo 7: "Se vós estiverdes em mim, e as minhas palavras estiverem em vós, pedireis tudo o que quiserdes, e vos será feito". Jesus estava dizendo que respostas para orações requerem esse relacionamento ativo. A alegoria ilustra ativamente por que o crente deve manter uma saudável e vital relação com Cristo.

Na conhecida alegoria do bom pastor, em João 10:1-16, Jesus diz que ele representava o portão do curral das ovelhas, e representava também o bom pastor. As ovelhas eram aqueles por quem Cristo entregou sua vida. O rebanho representava a união de todos os cristãos, a despeito da sua herança cultural ou nacional (Jo 10:7-16).

Dificuldades com alegorias surgem quando o intérprete vai além da explicação dada na Bíblia e insiste em que *cada* ponto tem de comunicar alguma comparação específica. Por exemplo, nós identificamos o mercenário que foge (Jo 10:12) com os líderes religiosos de hoje, ou isso era simplesmente uma parte da história inserida para trazer à tona a verdadeira preocupação do pastor? Não é necessário comparar todos os pontos.

Lidando com parábolas e alegorias, o intérprete deve tentar entender o que Jesus ou o autor estavam querendo dizer. Nas parábolas, devemos entender o foco — o principal ponto. Nas alegorias, deveríamos ficar satisfeitos com a interpretação dada na Bíblia e não buscar ir além dela.

Princípios para a interpretação de alegorias

1. Estabeleça claramente para quem era dirigido o texto.
2. Observe por que a alegoria foi contada em primeiro lugar.
3. Tente ver os pontos básicos da comparação enfatizados pelo autor.
4. Liste todos os pontos da comparação e as coisas que eles representam. Estabeleça a razão por que essas verdades eram importantes naquela época e por que são importantes hoje.

Princípios para a interpretação de parábolas

1. Tente entender os detalhes terrenos tão bem quanto o fizeram os que primeiro ouviram o texto.
2. Observe a atitude e condição espiritual desses ouvintes.
3. Se possível, observe as circunstâncias que levaram Jesus a usar a parábola.
4. Estabeleça concisamente o ponto principal da parábola e mostre as razões para a sua seleção.
5. Tente relacionar esse ponto principal com o Reino de Deus.
6. Observe se há alguma conclusão ou dizeres gerais.
7. Se vários detalhes da parábola estão explicados, tente ainda descobrir a ênfase principal do texto.
8. Relacione a ênfase principal com as circunstâncias vividas pelos que lêem o texto hoje.

Questões para discussão

1. Leia a parábola dos talentos, em Mateus 25:14-30.
   a. Em sua opinião, qual é o ponto principal da parábola?
   b. Como esse ponto principal está relacionado com o Reino de Deus — presente ou futuro?
   c. Você acha que os dizeres gerais de Mateus 25:29-30 referem-se ao ponto principal da parábola?
   d. Em sua opinião, que aplicação a parábola pode ter para os nossos dias? (Certifique-se de concentrar-se no ponto principal da parábola. Não alegorize, tentando fazer com que cada figura represente alguma coisa específica ou alguém.)

2. Estude a alegoria contida em Eclesiastes 12:1-7.
   a. Que comparação básica é usada?
   b. O que o envelhecimento significa em cada uma das seguintes comparações?

Antes que se escureçam o sol, e a luz, e a lua, e as estrelas
E cessarem os moedores, por já serem poucos
E as duas portas da rua se fecharem
E se levantar à voz das aves
E houver espantos no caminho
E se despedace o copo de ouro
No dia em que tremerem os guardas da casa
E se escurecerem os que olham pelas janelas
Por causa do baixo ruído da moedura
Como também quando temerem o que está no alto
E o gafanhoto for um peso
Antes que se quebre a cadeia de prata
E se despedace o cântaro junto à fonte
E se despedace a roda junto ao poço

   c. Qual o ponto principal dessa alegoria? (v. Ec 12:1).

CAPÍTULO 10

O QUE OS PROFETAS ESTAVAM DIZENDO?

Para entender as profecias, devemos primeiramente saber o que é um profeta e o que é uma profecia. Profetas são porta-vozes de Deus que declaram a mensagem divina — profecia — ao seu povo.

Numa primeira análise, pode parecer que os profetas desempenharam um papel mais importante no Antigo Testamento do que no Novo Testamento. Os profetas do Antigo Testamento proclamaram a mensagem de Deus com excelência, tanto fazendo advertências como entregando promessas ao povo. Tanto homens como mulheres são encontrados como profetas no Antigo Testamento — Débora, Miriam e Hulda estão entre esses profetas.

Na transmissão de sua mensagem, os profetas faziam uso de dramas, canções, parábolas, histórias e exortações. Eles eram usados por Deus para testar e refinar as pessoas (v. Jr 6:27). Proclamavam julgamentos inevitáveis bem como julgamento que poderiam ser evitados se o povo mudasse seu comportamento. Os profetas agiam como observadores e como intercessores.

Os profetas do Novo Testamento tinham muito em comum com os profetas do Antigo Testamento. Entre eles, no entanto, havia algumas diferenças. Pedro viu o dom da profecia sendo derramado sobre homens e mulheres, jovens e idosos, e em todas as classes econômicas — escravos e livres —, em cumprimento da profecia de Joel (At 2:16-18; Jl 2:28-32). Paulo encorajou os cristãos a aspirarem pelas profecias. No Novo Testamento, profecia é um *dom* a que todos os cristãos podem aspirar, e um *ofício* para o qual Deus chamou apenas alguns para desempenhar.

Em cada lista de líderes do Novo Testamento, os profetas são mencionados em segundo lugar. "E a uns pôs Deus na igreja, primeiramente apóstolos, em segundo lugar profetas, em terceiro doutores, depois milagres, depois dons de curar, socorros, governos, variedades de línguas. Porventura *são* todos apóstolos? *são* todos profetas? *são* todos doutores? *são* todos operadores de milagres?" (1 Co 12:28-29). Em Efésios 4:11, o apóstolo Paulo escreve: "E ele mesmo deu uns para apóstolos, e outros para profetas, e outros para evangelistas, e outros para pastores e doutores". Em Efésios 2:20, Paulo diz que a igreja é edificada "sobre o fundamento dos apóstolos e dos profetas, de que Jesus Cristo é a principal pedra da esquina".

O propósito da profecia

Ao contrário da opinião popular, a profecia bíblica não estava primariamente interessada em predizer o futuro. Na declaração da vontade de Deus para o povo, a mensagem dos profetas poderia lidar com o passado, o presente ou o futuro. O profeta sempre tinha um objetivo básico em mente: ajudar o povo a conhecer a Deus e sua vontade.

De acordo com 1 Coríntios 14, uma profecia envolve fortalecimento, encorajamento e consolo (14:3), edificação (14:4), convicção e conversão (14:24,25), e instrução (14:31). Estes aspectos da profecia são, às vezes, chamados de "releitura".

As profecias — especialmente o que se refere ao futuro ou a "predições" — tinham um propósito amplo. Os profetas levavam uma mensagem *da parte de* Deus para as suas comunidades, *sobre* as suas comunidades e as nações ao seu redor. Geralmente, eram profundamente envolvidos na vida dessas comunidades. Não falavam como intrusos, mas como pessoas intimamente identificadas com o povo para quem transmitiam a mensagem.

No Antigo Testamento, o grupo de pessoas para quem um profeta entregava a mensagem divina era geralmente Israel, o povo de Deus na nação da aliança. No Novo Testamento, quem recebia a mensagem era a igreja, o povo de Deus da nova aliança.

Infelizmente, muitas pessoas hoje pensam em profecia apenas em termos de predições de eventos futuros. Os "estudiosos das profecias" às vezes ignoram os aspectos da profecia que tratam do passado e do presente daqueles a quem primeiro foi dirigida a mensagem. Concentram-se quase que somente no futuro. E quanto mais futuro, melhor! Alguns tentam encontrar dentro de certas passagens do Antigo Testamento profecias, por exemplo, sobre aviões a jato, para mostrar o quanto o pensamento do profeta era futurista. Esse tipo de interpretação aumenta a confusão feita a respeito da natureza da mensagem do profeta.

Cada profecia preditiva era dada a um povo histórico em particular, para despertá-lo e chamá-lo à retidão pela revelação do que Deus faria no futuro. Qualquer revelação sobre o futuro era dada para *influenciar sua ação presente*. Provavelmente, a única forma em que a descrição de um avião a jato poderia influenciar a ação das pessoas durante os tempos do Antigo Testamento teria sido aumentar seu desejo antigo de voar como um pássaro ou amedrontá-las quanto ao uso militar dessa máquina.

Profecias preditivas nunca foram dadas para satisfazer nossa curiosidade sobre o futuro. Os aspectos futuros de uma profecia tinham a intenção de instruir, reprovar, encorajar e chamar as pessoas ao arrependimento. O Novo Testamento frequentemente apresenta frases como "porque dias virão em que se dirá" e "naqueles dias". Expressões como essas mostram que o trabalho de Deus está avançando conforme seu plano. É tema constante na Bíblia a revelação de que haverá muitas crises seguidas por um poderoso clímax quando a era vindoura chegar em sua totalidade. Nesse tempo, Deus reinará supremo, e a vontade de Deus será feita tanto na terra como no céu.

Duas visões incorretas de profecia preditiva

Em anos recentes, duas visões incorretas surgiram e ganharam um número surpreendente de adeptos. Uma dessas visões é que a *profecia preditiva é uma forma de se escrever a história com vivacidade*. Esta visão é defendida por muitos que atestam que predição real é impossível num universo governado inteiramente por causa e efeito. Os que defendem esta visão acreditam que verdades objetivas sobre Deus nunca são reveladas; Deus é simplesmente revelado em eventos que nada significam para uma pessoa sem fé.

Entretanto, um vasto material bíblico parece ser profecia preditiva para pessoas prudentes comuns. Os protagonistas da teoria de que profecia preditiva é uma forma de se escrever história com vivacidade, dizem que a maior parte do material aparentemente preditivo foi, na verdade, escrita *depois* dos eventos que eles prediziam. O estilo profético foi usado para dar vida à narrativa da história e fazê-la mais interessante. Se esta teoria parece não se ajustar a certas mensagens proféticas, essas mensagens são generalizadas e chamadas de uma ideia brilhante do profeta, cuja mente não era fechada dentro dos limites de confinamento da vida diária hebraica. Esta é uma parte da razão pela qual alguns críticos datam alguns livros do Antigo Testamento tardiamente. Eles *tiveram* de ser escritos depois do cumprimento dos eventos que descreviam, a fim de garantir a teoria dos acadêmicos.

Há graves falhas nessa visão. O material histórico ordinário na Bíblia não é enigmático como profecia. A história bíblica apresenta muitos detalhes e segue um padrão cronológico básico. Em contraste, as narrativas proféticas preditivas não dão detalhes subordinados em nenhum raciocínio consistente ou em nenhuma sequência de desenvolvimento. Qualquer pessoa que pudesse escrever história na forma de profecia hebraica teria de esquecer metade do que sabia, na tentativa de se fazer parecer com um profeta. A artificialidade dessa tática não poderia ser escondida.

A segunda visão incorreta está no extremo oposto. A ideia de que *profecia preditiva é história escrita antecipadamente* é tão incorreta quanto a ideia de que é história é escrita depois de dado cumprimento ao evento. As razões dessa incorreção são praticamente as mesmas entre as duas visões. Profecia preditiva é enigmática. Nunca dá detalhes suficientes para substituir um sumário histórico.

Admita por um momento que o círculo abaixo contém o menor número possível de elementos ou fatos necessários para mostrar um evento histórico definido. Cada *x* representa um desses elementos necessários.

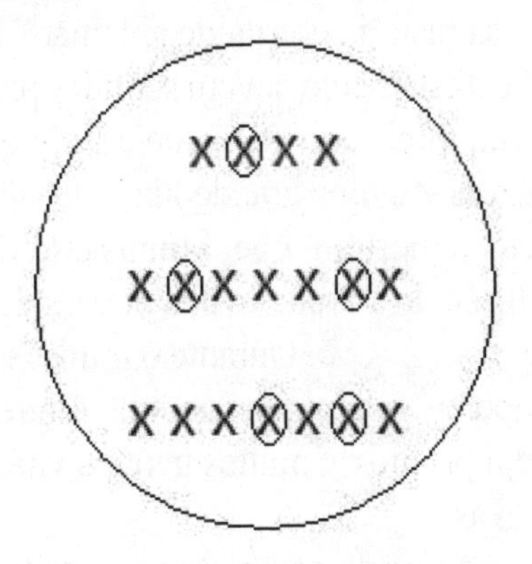

Os *x*'s que estão circulados representam os fatos de um evento histórico que foram revelados antecipadamente para e pelo profeta. Isolados, obviamente eles perdem muitos elementos essenciais. Se, entretanto, profecia fosse simplesmente a história escrita de antemão, todos os *x*'s seriam circulados e o caráter enigmático preditivo da profecia desapareceria.

Por exemplo, Mateus 4:14-16 diz que o profeta Isaías predisse o ministério de Jesus na Galileia. Isaías 9:1,2 diz:

> Mas a terra, que foi angustiada, não será entenebrecida. Ele envileceu, nos primeiros tempos, a terra de Zebulom, e a terra de Naftali, mas nos últimos *a* enobreceu junto ao caminho do mar, além do Jordão, a Galileia dos gentios. O povo que andava em trevas viu *uma* grande luz, e sobre os que habitavam na região da sombra da morte resplandeceu a luz.

"Ao caminho do mar" significava a rota da caravana antiga que ia de Damasco ao Mediterrâneo. "Além do Jordão" refere-se às terras ao lado leste do Jordão e ao mar da Galileia. "Galileia dos gentios" eram as fronteiras norte da porção superior e inferior da Galileia, singularizada como aquela porção da terra que tinha sido especialmente desonrada, mas que mais tarde seria honrada. Um povo cujo curso das ações estava em trevas — os gentios — veria grande luz.

Estas palavras foram cumpridas durante o ministério de Jesus. Por que não foi essa história escrita de antemão? Porque os registros *históricos* do Novo Testamento devem ser lidos para se saber onde Jesus desenvolveu seu ministério na Galileia e em que sentido "o povo que andava em trevas viu uma grande luz".

Os Evangelhos mostram que o ministério de Jesus na Galileia foi grandemente limitado ao seu povo, o povo judeu. Ele era a luz que brilhou nas trevas *do seu povo*. Durante o ministério terreno de Jesus, ele teve contato apenas com alguns gentios. Entretanto, por meio do ministério da igreja primitiva, muitos gentios viram a grande luz que iluminava suas trevas.

A profecia não pode ser história escrita de antemão porque Deus não revela o suficiente dos elementos centrais e periféricos essenciais até mesmo para uma descrição *histórica* incompleta. Jesus confirma essa ideia em suas últimas palavras aos discípulos. "Não vos pertence saber os tempos ou as estações que o Pai estabeleceu pelo seu próprio poder" (At 1:7). O que Deus faz conhecido, bem como o que Deus retém, são partes do plano total de redenção. Conforme a história continua, uma imagem completa surge. Percepções antecipadas do que está por vir nos lembram que toda a história está no controle soberano de Deus.

Como falsos profetas receberam as mensagens

Os profetas realmente recebiam suas mensagens de Deus? Não poderiam eles fingir ou convencer-se de que tinham recebido uma mensagem divina, com o objetivo de se destacar no meio do povo? Talvez o profeta se estivesse iludindo, ao pensar que era um mensageiro de Deus, quando, na verdade, a mensagem que transmitia decorria de alucinações ou desequilíbrio mental. É isso possível?

Profetas que viveram essa situação são mencionados nas Escrituras. Jeremias 14:14 diz: "E disse-me o Senhor: Os profetas profetizam falsamente em meu nome; nunca os enviei, nem lhes dei ordem, nem lhes falei; visão falsa, e adivinhação, e vaidade, e o engano do seu coração é o que eles vos profetizam".

Esses profetas criavam a própria mensagem, sem nenhum relacionamento genuíno com Deus. Em certo sentido, os profetas verdadeiros também criavam o recado que entregavam ao povo; cada um tinha o próprio estilo, que estava estampado na sua mensagem, mas esta não procedia deles. Eles permaneciam num relacionamento vital com Deus, e era Deus quem falava por meio deles.

Como os verdadeiros profetas recebiam suas mensagens

Ocasionalmente, Deus falava aos profetas em sonhos ou visões noturnas. Paulo viu, em sonho, um homem da Macedônia clamando: "Passa à Macedônia, e ajuda-nos" (At 16:9). Os sonhos ou visões que temos parecem ser os sonhos comuns da noite, com o poder de reter o que foi sonhado. (Está claro que isso não quer dizer que todos os *nossos* sonhos são revelações de Deus!)

Com frequência, os profetas recebiam suas mensagens quando estavam num estado de êxtase. Não era um entusiasmo auto-induzido, no qual o profeta pulava de maneira irracional. Ao contrário, as faculdades mentais e espirituais do profeta se elevavam a um novo nível de desempenho.

O profeta Habacuque relata o fato de ter permanecido a postos na torre para ver o que Deus lhe falaria. Habacuque estava preparado para que algo lhe fosse revelado por Deus. A maioria dessas experiências envolvidas em êxtase ocorreu à luz do dia — só algumas delas foram vividas durante a noite. Algumas vezes, o profeta diz que “vê” a palavra ou mensagem do Senhor (Is 2:1; Mq 1:1). Outras vezes, os profetas tiveram visões, viram santuários, discursos ou revelações (Is 1:1; Ez 1:1; 13:16). As visões vindas de Deus eram *centradas no seu conteúdo.*

Jeremias 14:14 mostra o que o Senhor *não fez* pelos falsos profetas. Os falsos profetas “profetizam falsamente em meu nome; nunca os enviei, nem lhes dei ordem, nem lhes falei; visão falsa, e adivinhação, e vaidade, e o engano do seu coração é o que eles vos profetizam”. Revertendo isto, podemos ver o que o Senhor *realmente fez* pelos verdadeiros profetas: Deus os enviou, deu-lhes ordem, falou-lhes. Eles profetizaram visões verdadeiras.

Às vezes, a mensagem de Deus era revelada aos profetas por meio da comunicação direta, sem sonhos ou visões envoltas em êxtase. Esse tipo de comunicação direta ocorreu muitas vezes no Antigo Testamento. Um bom exemplo disso é o fato sucedido quando o rei Ezequias estava muito doente. 2 Reis 20:1-6 relata que Isaías foi a ele, entregando-lhe uma mensagem de Deus que revelava que a sua morte era iminente. Ouvindo a mensagem de Isaías, Ezequias orou fervorosamente, pedindo ao Senhor que se lembrasse que ele havia servido fielmente a Deus. Após entregar a mensagem de que a morte se avizinhava para o rei, Isaías deixou Ezequias. Na saída do palácio, Isaías ouviu o que Deus lhe falava: “Sucedeu pois que, não havendo Isaías ainda saído do meio do pátio, veio a ele a palavra do Senhor” (2 Rs 20:4). O profeta foi mandado de volta para dizer a Ezequias que Deus o curaria e lhe acrescentaria quinze anos de vida, e que Jerusalém seria libertada da opressão do rei da Assíria. Isaías não teve nenhuma visão ou sonho. Enquanto estava acordado, completamente vigilante e ativo, ele recebeu uma mensagem direta de Deus.

Os profetas eram pessoalmente envolvidos nos fatos

Nos seus dias, os profetas eram frequente e profundamente envolvidos nos fatos históricos específicos vividos por eles. Em meio a esse envolvimento pessoal, o profeta poderia receber uma mensagem impositiva de Deus.

Num tempo de graves crises, o rei Jeoiaquim queimou o rolo produzido, sob o comando de Deus, por Jeremias e seu assistente, Baruque (Jr 36:1-32). O rei ordenou que prendessem Jeremias e Baruque; eles, porém, se esconderam. A palavra do Senhor veio a Jeremias outra vez. Ele deveria preparar outro rolo igual ao que tinha sido queimado pelo rei. Jeremias reproduziu o primeiro livro, adicionando a este último algum material. Nessa segunda versão do rolo, estava incluída a profecia de que Jeoiaquim seria assassinado e não teria sequer a honra de ser sepultado.

Por isso, no final de sua vida, Jeremias acabou involuntariamente envolvido em outra profecia. Após muitos líderes de Judá serem deportados para a Babilônia, o rei da Babilônia apontou Gedalias para governar os que ficaram na Palestina. Gedalias foi assassinado e os homens restantes temiam represálias. Eles perguntaram a Jeremias se deveriam ficar ou tentar fugir para o Egito. Prometeram obedecer qualquer que fosse a ordem do Senhor. Jeremias precisou esperar dez dias antes de receber a resposta do Senhor: se eles ficassem na Palestina, Deus os estabeleceria. Se eles fossem para o Egito, eles seriam aniquilados. Enquanto Jeremias estava proferindo a mensagem, ele percebeu que seus ouvintes já tinham tomado a decisão. Eles todos fugiram para o Egito, a despeito da profecia que Jeremias lhes fizera conhecer, e forçaram Jeremias e Baruque a ir com eles para o Egito, onde todos morreram. O profeta estava claramente envolvido nos eventos sobre os quais ele profetizou.

Ainda que os profetas falassem da parte de Deus, eles não procediam como pessoas intrusas, participando de uma situação sem ser habilitados para isso. Eles estavam familiarizados com as pessoas para quem ministravam e sobre quem profetizavam. Entendiam as mensagens que proferiam e muitas de suas implicações.

Os profetas tinham perspectivas restritas

Quando Deus falava, em profecias preditivas, para pessoas e por meio delas, ele não lhes concedia um conhecimento sem limites. Ao contrário disso, o conhecimento que lhes era permitido ter estava dentro de uma perspectiva divinamente limitada.

Isto é particularmente claro em relação à segunda vinda de Cristo. A maioria dos autores do Novo Testamento revelam crer que Cristo retornaria enquanto eles estivessem vivos. No Apocalipse, o apóstolo João revela muitas vezes essa ideia. Em Apocalipse 3:11, Cristo declara: "Eis que venho em breve" (sem demora, tradução do autor). Isto aparece três vezes no capítulo 22 — nos versos 7, 12 e 20.

Os autores do Novo Testamento acreditavam que Cristo estava voltando para esta terra para transformá-la. Isso não era para eles uma forma de escape. Eles acreditavam que a presença de Cristo quebraria as amarras do pecado na humanidade.

Dois mil anos se passaram, porém, e Cristo ainda não retornou. Este longo intervalo não modifica, entretanto, os grandes problemas com que nos temos defrontado. Cada geração enfrenta o próprio leque de problemas. A maneira séria com que nós consideramos esses problemas mostra se Deus é real para nós e se acreditamos no clímax da história como uma possibilidade genuína.

Algumas predições feitas pelos profetas eram sobre o futuro imediato. Outras eram dirigidas através de um vasto corredor do tempo, ainda que os profetas, por si mesmos, pudessem não ter percebido isso. Eles procuravam encontrar um fim imediato para a ordem de então, e o início de uma era futura. Deus limitou suas perspectivas para que eles e as pessoas para quem eles ministravam fossem centradas em Deus, ao lugar de se deixarem centrar num evento.

Os profetas falavam nos padrões de linguagem e pensamento dos seus dias

A escolha de palavras dos profetas é colorida por todas as suas experiências, presentes e passadas. Os profetas falavam ao seu povo nos padrões de linguagem e pensamento que eram familiares ao povo.

Para eles, transporte significava cavalos, carroças, camelos, barcos. Armamento significava lanças, escudos, espadas. Culto geralmente significava o templo e os sacrifícios. Os inimigos de Deus eram os filisteus, moabitas, babilônios, e outros.

Quando os profetas tratavam de eventos que ainda não se haviam cumprido até aqueles dias, sua linguagem mostra-se confusa. Isso porque a imaginação é deles e não nossa. Felizmente, sua ênfase era em Deus e não nos eventos. Quando eventos são colocados em destaque, as pessoas tendem a colocar Deus de lado. Esta é uma forma de idolatria.

Como os intérpretes lidam com a linguagem da profecia preditiva, cuja concretização ainda está por vir? Há três métodos comuns.

Alguns intérpretes esperam concretização literal em todos os detalhes. Se o profeta menciona cavalos e rédeas, alguns intérpretes procuram por cavalos e rédeas. Se o profeta menciona escudos, armaduras, arcos e flechas, eles acreditam que essas são as armas que serão usadas. Esta abordagem torna-se um pouco absurda quando aplicada aos dias de hoje ou aos dias futuros. Ela mostra que o intérprete esqueceu a perspectiva dos profetas e das pessoas para quem eles ministravam. Os profetas falavam ao seu povo na única linguagem que todos conheciam. Quando eles pensavam, o que lhes vinha à mente eram armas, lanças e escudos.

Outros intérpretes conferem um significado simbólico às profecias. Estes intérpretes fazem da profecia preditiva uma imagem das esperanças dos profetas por uma vida melhor. Eles conferem uma imagem profética à igreja cristã, cobrindo parte ou todo o período desde o começo da igreja até a nova Jerusalém de Apocalipse 21 e 22.

Muitos intérpretes pensam em termos de equivalência, analogia ou correspondência. Esta é a abordagem preferida dos autores desta obra. Neste método, as carroças dos dias dos profetas terão um meio de transporte equivalente no tempo em que a profecia será cumprida. Em determinado período, os inimigos do povo de Deus são substituídos por outros inimigos. Os detalhes do culto do povo de Deus num período antigo serão substituídos por formas apropriadas de adoração durante o período do cumprimento da profecia.

Este princípio pode ser ilustrado pelo exame da profecia de Ezequiel 40 a 48, na qual Ezequiel profetizou que o culto a Deus seria restaurado. O profeta deu especificações elaboradas, tais como o tamanho exato do templo, ladrilhos, símbolos para serem usados, os tipos de sacrifícios que lá seriam conduzidos e a sua ordem, os trajes que os sacerdotes deveriam usar, com quem eles deveriam se casar, o que eles deveriam ensinar às pessoas, e como a terra deveria ser dividida entre o povo de Israel.

Onde estava Ezequiel quando recebeu e proferiu esta profecia? Ele e a maioria dos judeus estavam no exílio, na Babilônia. Não havia nenhum templo, nem sacerdócio, nem rituais. Nem ainda foi cumprida a profecia de Ezequiel até hoje.

Não podemos ter certeza do que isto significa; mas, certamente, sabemos que a mensagem trazida por Ezequiel encorajou grandemente o seu povo. Aquele povo exilado, solitário, sabia que o culto a Deus não estava extinto para sempre. Finalmente, Deus triunfaria, e o conhecimento de Deus nunca pereceria na terra.

E o que falar especificamente sobre essa profecia? A descrição feita por Ezequiel do culto prestado pelo povo de Deus poderá ainda ser cumprida no dia em que Cristo voltar à terra, para consumação da era?

Isto é possível. Entretanto, à luz da ação de Deus em Jesus Cristo, dificilmente o cumprimento pode ser literal. Como pode o verdadeiro povo de Deus voltar aos sacrifícios abolidos pelo supremo sacrifício de Cristo? Os rituais dos quais falou Ezequiel nada mais eram do que uma sombra do que foi cumprido em Cristo. Este é o lugar para o princípio de equivalência.

O templo, o ritual e os sacerdotes envolvidos no antigo culto a Deus, deveriam trazer os israelitas para uma comunhão vital com ele.

A carta aos Hebreus diz que, com Cristo como nosso sumo sacerdote, todos os velhos mandamentos que se referem ao sacerdócio estão anulados (Hb 7:12-28). As coisas sobre as quais Ezequiel escreveu eram uma sombra. Cristo é a realidade (Hb 1-4; Cl 2:16-17). A adoração que está por vir exaltará a Jesus Cristo.

A divisão de terras entre as doze tribos de Israel, discutida por Ezequiel, pode simbolizar a perfeita justiça que Cristo trará no seu retorno à terra. Todas as rivalidades e iniquidades passadas desaparecerão. O povo de Deus — agora incluindo tanto judeus como gentios — estará debaixo da vontade de Deus para trazer uma nova era.

Ezequiel usou a linguagem dos seus dias e as formas de culto familiares àqueles a quem entregava sua mensagem, para que esta lhes fosse compreensível. Hoje, temos não somente a linguagem de Ezequiel mas também todo o Novo Testamento. Ainda assim, só conseguimos divisar obscuramente a grande glória que está por vir!

Princípios para o entendimento de uma profecia

1. Analise a passagem em termos de história, contexto e significado literal. Estude tudo o que puder sobre a situação histórica do profeta e do povo envolvido na profecia em estudo. Leia atentamente o que precede e o que sucede a passagem em particular. Consulte todas as passagens paralelas que podem trazer luz. Não se surpreenda ao perceber que mensagens proféticas geralmente não estão arranjadas em uma ordem sistemática.

2. Observe exatamente a quem ou a que a passagem se refere. A profecia é endereçada a leitores ou ouvintes? É *sobre* esses leitores ou ouvintes? Há alguma qualificação anexada? É uma profecia do tipo "se estas pessoas fizerem isto, isto vai acontecer"?

Se a profecia tem uma releitura (encorajamento, admoestação, advertência), veja como as pessoas responderam a ela.

Se a profecia era de previsão, ela foi cumprida? Se sim, estude o texto que narra o cumprimento. Algumas profecias preditivas, ainda que se refiram a um evento específico, podem ter aplicações adicionais. Por exemplo, Daniel 11 relata a profanação do templo: "E sairão a ele *uns* braços, que profanarão o santuário e a fortaleza, e tirarão o contínuo *sacrifício*, estabelecendo a abominação desoladora" (Dn 11:31). Poderia haver um esforço para eliminar totalmente as formas judaicas de adoração.

Esta profecia foi cumprida nos terríveis atos de Antióquio IV Epifânio (170 a 168 a.C.), quando ele profanou o templo em Jerusalém, massacrou milhares de judeus e, finalmente, ergueu um altar grego a Zeus no lugar onde ficava o altar em que eram queimadas as ofertas. Por três anos, ele conseguiu exterminar o culto dos judeus.

Entretanto, em Mateus 24:15, Jesus usou a profecia de Daniel para se referir a um evento diferente: "Quando pois virdes que a abominação da desolação, de que falou o profeta Daniel, está no lugar santo; quem lê, atenda". Aparentemente, Jesus estava se referindo à queda de Jerusalém, que aconteceria em 70 a.D.

Essas palavras podem também descrever um rompimento no modelo de culto na Palestina e Jerusalém, na época em que Cristo voltar. Qual será o modelo de culto, nós ainda não sabemos.

Paulo usa linguagem similar para descrever o homem do pecado, a versão final do anticristo:

> Porque não será assim sem que antes venha a apostasia, e se manifeste o homem do pecado, o filho da perdição; o qual se opõe, e se levanta contra tudo o que se chama Deus, ou se adora; de sorte que se assentará, como Deus, no templo de Deus, querendo parecer Deus (2 Ts 2:3-4).

Como Antióquio IV Epifânio, a versão final do anticristo procurará desprezar os padrões estabelecidos de culto.

Aplicações múltiplas da linguagem profética podem ocorrer. A mensagem profética é real, mas é também flexível, de modo que nela se possam encaixar mudanças futuras. Deste modo, nós temos uma pequena noção sobre a oposição futura a Deus, mas não "sabemos os tempos ou as estações" (At 1:7).

3. Faça uma distinção entre predição direta e tipológica, especialmente quando o cumprimento de profecias do Antigo Testamento é encontrado no Novo Testamento.

Predição direta significa que uma profecia do Antigo Testamento é cumprida somente nos tempos do Novo Testamento. Por exemplo, Miqueias 5:2 afirma que Cristo nasceria em Belém. O cumprimento é visto em Mateus 2:5-6.

Uma predição *tipológica* é uma afirmação do Antigo Testamento que se referia a alguma coisa dos tempos do Antigo Testamento mas que teve sua melhor aplicação de sentido em eventos, pessoas ou mensagens do Novo Testamento.

Um grande exemplo de tipologia é visto em Zacarias 11:12-13, onde o profeta age como um pastor para o povo de Deus. Na profecia, ele é "subornado" pelo povo por trinta moedas de prata, as quais ele arremessa no tesouro da casa de Deus. Mateus inclui esta passagem (Mt 26:15) fazendo referência ao preço pago a Judas para a traição de Jesus. Essas predições tipológicas são comuns no decorrer do Novo Testamento.

4. A revelação final de Deus em Cristo cobre todas as revelações anteriores. Nós olhamos para o Antigo Testamento com olhos de cristãos — não com olhos dos judeus do Antigo Testamento. Cristo, no ápice do seu ministério terreno, falou de um rebanho e de um pastor (Jo 10:16). Somos parte desse rebanho — a igreja, o corpo de Cristo. Jesus Cristo quebrou para sempre as barreiras entre judeus e gentios. A casa de Deus é um organismo vivo, ligado a Jesus Cristo. Isto inclui crentes da antiga aliança e da nova aliança. Deus tem um grande destino para os crentes, sendo que a nova aliança é uma aliança eterna. (Hb 13:20).

5. Imagens apocalípticas são difíceis de ser interpretadas. O termo "apocalíptico" refere-se àquelas partes da Bíblia nas quais o escritor pinta um quadro escuro de desastre iminente ou cataclisma cósmico no qual Deus destrói os poderes reguladores do mal e traz de volta a justiça final. Geralmente, há uma situação escura com um desfecho brilhante. Os livros de Daniel, Zacarias e Apocalipse apresentam grandes trechos desse tipo de literatura, e outros livros expõem um pequeno volume sobre o assunto. Na leitura de imagens apocalípticas, devemos seguir os princípios básicos para linguagens figuradas. Nossa interpretação dessas difíceis imagens teria feito sentido aos leitores a quem foram entregues as profecias? É sempre melhor assumir a limitação pessoal — "Não sei o que isto significa" — do que forçar um significado que a imagem não tinha a intenção de transmitir. Esses problemas serão discutidos à frente, no capítulo 11, na linguagem de Gênesis e Apocalipse.

O que os primeiros leitores teriam pensado sobre uma passagem deve ser considerado constantemente. Ocasionalmente, os leitores que primeiro receberam um texto da Bíblia (e talvez até mesmo os seus autores) poderiam estar errados em suas conclusões. Por exemplo, Paulo e a igreja primitiva obviamente pensavam que a volta de Cristo aconteceria enquanto eles estavam vivos. Deus escolheu limitar suas perspectivas nesta questão, e a perspectiva de cada cristão, desde então, tem sido igualmente limitada. Sabendo disso, temos uma boa razão para não ser tão dogmáticos em nossas abordagens às passagens que envolvem profecias.

Princípios para o entendimento das profecias

1.Analise a passagem em termos de história, contexto e significado literal.

2. Observe exatamente a quem ou a que a passagem se refere. Observe se a profecia é uma releitura ou uma previsão.

3. Faça uma distinção entre predições diretas e tipológicas.

4. Lembre-se que a revelação final de Deus, em Cristo, cobre todas as revelações anteriores.

5. Tenha em mente que imagens apocalípticas são difíceis de serem interpretadas; e, para sermos intérpretes bem sucedidos, devemos seguir os princípios básicos para a interpretação de linguagens figuradas. Lembre-se especialmente que uma interpretação viável de imagens apocalípticas teria feito sentido aos leitores originais (i.e., deve ser algo que eles poderiam ter entendido).

Questões para discussão

1.Leia Miqueias 6:1-16.

a. De onde Miqueias tirou sua mensagem? (Veja Mq 3:8)

b. Num dicionário ou comentário bíblico, descubra quando o livro de Miqueias foi escrito e para quem as profecias eram destinadas.

c. Em que partes dessa passagem (Mq 6:1-16) existe um chamado para a santificação (releitura) e que partes predizem o futuro?

d. Você acha que Miqueias 6:16b mostra uma linguagem apocalíptica? Por que sim, ou por que não?

e. De que maneira você acha que a perspectiva de Miqueias era restrita? Que parte do futuro ele viu claramente? Que parte do futuro ele não viu claramente?

2. Leia 2 Pedro 3:1-18. Responda a estas perguntas sobre essa passagem:

a. Em que situação histórica Pedro escreveu esse texto?

b. Qual é o contexto dessa passagem? O que vem antes dela e o que vem depois dela? O contexto influencia o significado?

c. Para quem a profecia é destinada? A mensagem é sobre essas mesmas pessoas?

d. A mensagem inclui qualquer releitura (alerta, chamado à santificação)?

e. Que partes do texto são previsões — predições? A predição foi concretizada?

f. A passagem contém linguagem apocalíptica?

g. Em que maneira a visão de Pedro sobre o futuro era limitada? O que ele viu claramente? O que ele não viu claramente?

CAPÍTULO 11

A LINGUAGEM DE GÊNESIS E APOCALIPSE

Provavelmente, nenhuma outra parte da Bíblia tem gerado tanta emoção e discordância quanto as que tratam da criação do mundo e do seu clímax ou culminância. Infelizmente, o afã das discussões raramente trouxe luz.

A questão básica geralmente é: quanto da nossa interpretação das Escrituras, que tratam da criação e do final dos tempos, deveria ser literal e quanto deveria ser figuda? Na verdade, a questão é: "*quanto* deve ser literal" e "*quanto* deve ser figurada?", ao invés de perguntar "devemos ser literais ou figurativos?". A pessoa que defende a interpretação "literal" quase sempre tem elementos figurativos, e a que defende a interpretação "figurativa" deve basear os significados em elementos literais.

Por exemplo, a história da criação do homem e da mulher, como está registrada em Gênesis 1 e 2, diz que Deus "soprou em seus narizes o fôlego da vida; e o homem foi feito alma vivente" (Gn 2:7). A Bíblia afirma que Deus estava andando "no jardim pela viração do dia" e "fez o Senhor Deus a Adão e a sua mulher túnicas de peles, e os vestiu" (Gn 3:8, 21).

Uma abordagem estritamente literal a esta imagem demandaria que Deus tivesse pulmões e pernas para que fosse possível ajoelhar-se ao lado do corpo de Adão e administrar um tipo de respiração boca a boca. Demandaria um Deus que tem pés com os quais caminhasse, e mãos com as quais costurasse. No entanto, Cristo disse que "Deus é Espírito, e importa que os que o adoram o adorem em espírito e em verdade" (Jo 4:24). Paulo afirmou: "[Deus] que tem, ele só, a imortalidade, e habita na luz inacessível; a quem nenhum dos homens viu nem pode ver..." (1 Tm 6:16). Como a descrição de Gênesis e as palavras do Novo Testamento podem ser, ambas, "literalmente" verdadeiras?

O intérprete que quiser explicar tudo de maneira figurada vai descobrir que não tem saída. Se Adão, Eva e a queda são figuras apenas, existe algum evento literal, alguma ocorrência histórica para a qual eles apontam? Se o pecado é uma realidade, como está ele relacionado à história de Gênesis? Os seres humanos sempre foram contrários a Deus? As pessoas quebraram um relacionamento harmonioso? Esses problemas têm interessado aos cristãos por muitas gerações.

A linguagem figurada é comum no pensamento judaico

Um estudo cuidadoso da Bíblia mostra que a linguagem figurada é profundamente entrelaçada dentro no pensamento judeu. Antigamente, as pessoas não pensavam ou falavam em linguagem abstrata ou filosófica como frequentemente fazemos hoje. Nos primeiros tempos, era comum o uso de figuras de linguagem tiradas das atividades diárias como a agricultura e o pastoreio.

Referindo-se a Deus, os autores da Bíblia frequentemente usavam figuras de linguagem chamadas antropomorfismos — uso de características físicas humanas para descrever Deus. Sem dúvida, o autor de Gênesis sabia que Deus não tinha mãos, pés ou pulmões. Ele sabia também que Deus criou Adão de maneira similar à que um oleiro usa ao moldar um vaso, e que Deus fez com que Adão pudesse respirar e viver. O autor sabia que Deus cuida das necessidades físicas das pessoas, assim como um alfaiate veste as pessoas. Sabia que Adão e Eva podiam ter comunhão com Deus de alguma forma, como uma pessoa conversa com outra num jardim.[1]

Dizer que essa linguagem é figurada não significa que o evento que ela está descrevendo é imaginário. A linguagem figurada pode ser o meio mais preciso de se comunicar o que é real, intrínseco e certo. Qualquer palavra usada para descrever eventos que aconteceram ou ainda acontecerão numa esfera de existência que nenhum ser humano tenha presenciado é, pela própria natureza, figurada. Nenhum ser humano estava presente na criação; o clímax ainda vai acontecer. Qualquer descrição desses eventos teria de ser escrita numa linguagem baseada em fenômenos conhecidos ou experimentados pelo autor. De que outra forma uma ideia poderia ser comunicada?

A descrição da criação é pré-científica

A linguagem da descrição da criação é pré-científica e direcionada aos que não sabiam nada sobre a vastidão do espaço, o mundo microscópico ou as complicações de organismos físicos. A maioria das pessoas ainda sabe pouco sobre estas coisas. Torna-se arrogância ter orgulho do conhecimento científico superior alcançado, se considerarmos as imensas áreas sobre as quais a ciência ainda sabe pouco ou nada.

Se a Bíblia tivesse sido escrita na linguagem científica dos nossos dias, seria algo sem sentido para todos os que nos precederam; seria algo sem sentido para as gerações futuras que desenvolverão vocabulário e conceitos desconhecidos para nós. As descrições seriam úteis apenas se escritas dentro dos moldes e cos-

[1] Uma parte do material usado neste capítulo é adaptado de artigos de Ronald Youngblood, professor de Antigo Testamento e Línguas Semíticas no Seminário Teológico Betel, Campus de San Diego. Para discussão mais completa, veja *How It All Began*, de Youngblood (Ventura, California: Regal Books, 1980).

mologia das pessoas que viviam naqueles dias. Isto é linguagem popular pré-científica.

Deus como a causa final

Trabalhando com textos bíblicos sobre a criação ou sobre o clímax da humanidade, devemos observar que os autores não discutiam "como". Eles não se preocupavam com causas e efeitos secundários, mas enfocavam Deus como a causa final.

Infelizmente, insistimos em perguntar *como* Deus fez isto ou aquilo, e *como* Deus vai realizar algo no futuro, ao invés de prestar nossa maior atenção ao fato claramente afirmado de que Deus fez ou fará aquilo.

Os eventos nem sempre são cronológicos

Narrativas bíblicas sobre a criação são escritas no estilo e visão que, antigamente, as pessoas tinham de mundo. Entre outras coisas, isto significa que eventos não são necessariamente recontados em ordem cronológica. Isto é o que, realmente, acontece com muitas partes do Antigo Testamento. No livro de Jeremias, por exemplo, o autor começa narrando eventos que aconteceram durante o reinado de certo rei; passa a narrar acontecimentos ocorridos no reinado de outro rei; volta, a seguir, a relatar fatos sucedidos no reinado do primeiro rei citado. A ordem cronológica não era tão importante para os autores antigos como é para nós.

Sequência poética, assunto, lógica, ou alguns outros fatores frequentemente determinavam o arranjo, ao invés de mostrar uma ordem cronológica. Não entender isso pode deixar confusa até uma criança em idade escolar que toma conhecimento da descrição feita em Gênesis a respeito da criação da luz ao "primeiro dia", enquanto que a criação do sol não se dá até o "quarto dia".

Certos números tinham significado simbólico

Certos números simbólicos tinham grande importância para as pessoas nos primeiros tempos. O número sete aparece simbolicamente nos escritos, não somente dos hebreus mas de todos os semitas. Ele parece significar uma completude ou totalidade. Para os hebreus, simbolizava uma totalidade designada e ordenada por Deus.

O número sete tinha uma parte vital no ritual religioso dos hebreus e na sua maneira de recontar histórias. Em Gênesis 10, os nomes nas gerações de Noé totalizam setenta — uma imagem "completa" das nações do mundo. Em Números 11:16, Moisés aponta setenta anciãos do povo de Israel. Êxodo 1:5 revela: "todas as almas, pois, que procederam da coxa de Jacó, foram setenta almas...". Em Gênesis 4:24, Caim é vingado sete vezes e Lameque, setenta vezes sete. A história de um menino que foi trazido de novo à vida por Eliseu é recontada em 2 Reis 4:35. Ela diz que o menino espirrou sete vezes — uma indicação de que a vida lhe tinha retornado completamente.

O uso do número sete e seus múltiplos é também proeminente no Novo Testamento. A história dos sete irmãos que se casaram sucessivamente com a mesma mulher é usada para colocar diante de Jesus a ideia de uma série extensiva (Mt 22:23-32). Em Mateus 1, a genealogia de José lista três séries de quatorze gerações. A seleção de Mateus não coincide com as genealogias do Antigo Testamento, mas, aparentemente, Mateus escolheu nomes para serem incluídos em sua genealogia de forma que eles formassem três séries de quatorze. Isto pode sugerir um artifício de memória, o desejo de que fosse usado um múltiplo de sete ou uma combinação dos dois. Jesus falou sobre o homem que deveria ser perdoado, não sete, mas setenta vezes sete — contínua e completamente perdoado. Em Lucas 10:1, Jesus enviou setenta discípulos a proclamar o seu reino.

O uso simbólico do número sete vem com participação mais completa no livro de Apocalipse. O livro é endereçado a sete igrejas (1:4) e fala de sete espíritos diante do trono de Deus (1:4). Descreve a visão de sete castiçais (1:12), sete estrelas (1:16), sete selos (5:1), sete trombetas e sete anjos (8:2; 16:1), sete trovões (10:3), sete cabeças e sete coroas (12:3; 17:3), sete salvas da ira de Deus (16:1), e um cordeiro que tem sete chifres e sete olhos (5:6). A besta (dragão) tem sete cabeças (12:3) — talvez para indicar o desenvolvimento completo das forças hostis a Deus.

Por que o número sete ganhou tanto significado? Nós não podemos ter certeza, claro, mas talvez sete parecesse significativo aos antigos, no seu cosmos observável e na ordem de então. Eles podem ter encontrado suas primeiras bases de cálculo e divisão do tempo pela observação das quatro fases da lua, num período de sete dias. A "semana" pode ter sido sua primeira unidade de medida do tempo além do nascer e do pôr do sol que marcavam um dia.

Era natural, então, para o autor de Gênesis o uso de um sistema literário de sete dias como sua unidade simbólica para descrever a finalização de um cataclísmico e significativo evento! Os primeiros a ler ou ouvir sobre a descrição de Gênesis certamente entenderam o uso desse sistema literário muito melhor do que as gerações mais recentes — especialmente as civilizações ocidentais — ao tomarem conhecimento da narrativa feita pelo autor.

O uso desse sistema literário de sete dias é também encontrado em literaturas primitivas fora da Bíblia. Os cananeus tinham uma história sobre um palácio para o seu deus, Baal, erguido em sete dias — entretanto teria sido impossível construir, em sete dias, um palácio com métodos primitivos de construção. Esse era simplesmente um número indicando o término de um evento importante que levou um período de tempo indefinido.

Pessoas antigas tinham padrões de pensamento e maneiras de expressar ideias muito diferentes das formas ocidentais do século XX. A menos que nos esforcemos para entender o estilo primitivo, cultura e padrões de pensamento, vamos interpretar mal o que os escritos antigos queriam dizer.

A história da criação em uma moldura de sete dias

A descrição da criação feita em Gênesis usa a moldura hebraica de sete dias. A semana é dividida em dois períodos de três dias.

Gênesis 1:2 descreve a terra como "sem forma e vazia". A expressão hebraica é *tohu wa-bohu*. A frase por si mesma tem uma rima poética. *Tohu* significa "sem forma" e *bohu* significa "vazia" ou "incompleta".

Durante a primeira metade da semana de trabalho de seis dias — três dias —, Deus consertou o aspecto "sem forma" da terra por meio da separação. No primeiro "dia", Deus separou a luz da escuridão. No segundo "dia", Deus separou as "águas debaixo" das "águas de cima". (Os antigos pensavam no "firmamento" ou "céus" não como um espaço, mas como uma substância sólida, de forma que o "firmamento" formava um tipo de teto sobre a terra. Hoje, nós chamamos a isso de "atmosfera".) No terceiro "dia", Deus separou as águas de baixo da terra seca e também cobriu a terra com vegetação.

De acordo com o autor de Gênesis, nos últimos "três" dias de trabalho, Deus "encheu" o vazio ou vácuo da terra. O trabalho destes últimos três dias segue o mesmo padrão dos primeiros três.

No quarto "dia", Deus criou o sol, a lua e as estrelas. Isto corresponde à atividade do primeiro dia de separação da luz e da escuridão.

No quinto "dia", Deus encheu as "águas debaixo" com peixes e criaturas marinhas, e as "águas de cima" — atmosfera —, com pássaros. A separação das "águas de cima e das águas debaixo" tinha sido feita no segundo "dia".

No sexto "dia", Deus encheu a terra seca que tinha sido "formada" no terceiro dia. Nela, Deus colocou animais e pessoas, e disse a Adão e Eva que a comida era para eles e para os animais.

Dia	**Deus forma pela separação**	*Dia*	**Deus preenche pela formação**
1	luz da escuridão	4	sol, lua, estrelas
2	águas de cima das águas debaixo	5	peixes e pássaros
3	terra seca dos mares (mais a criação de vegetação para comida dos que encheriam a terra)	6	animais e gênero humano

À medida que olhamos para a descrição de Gênesis desta perspectiva, parece que ela foi escrita dentro de um sistema literário em lugar de um sistema cronológico ou científico. Isso de maneira nenhuma diminui as grandes verdades que a descrição da criação transmite.

A descrição de Gênesis corrige erros filosóficos e teológicos comuns.

Primeiro, ela ensina claramente que Deus e a natureza não são a mesma coisa. O panteísta não encontra suporte para a sua doutrina na descrição que é feita em Gênesis. Gênesis ensina que Deus está acima e separado do universo — ele é o criador.

Segundo, Gênesis ensina que há *um* só Deus. Deus não é um entre muitos.

Terceiro, Gênesis ensina que Deus é bom e que tudo o que foi feito por ele era bom.

Quarto, Gênesis ensina que Deus agiu de maneira ordenada, de uma situação caótica para uma condição de forma e beleza. A criação não fez isso por si mesma.

Quinto, Gênesis cuidadosamente nega toda a idolatria. O sol, a lua e as estrelas não foram criados com o propósito de serem adorados.

Vocabulário da criação e do ponto culminante da humanidade

A língua hebraica era altamente pictórica; baseava-se na vida agrária e pastoral das pessoas. Como todas as gerações anteriores ou desde então, os primeiros hebreus eram muito fechados dentro do seu modo de vida. Sua língua refletia o modo em que viviam. As ideias só podem ser expressas numa linguagem conhecida pelos escritores ou oradores. A linguagem baseada nas experiências dos escritores bíblicos, portanto, tinha de ser usada para descrever o passado distante, o futuro distante e as realidades eternas como eles as entendiam.

A imagem bíblica do céu é expressa em termos de palácios e riquezas dos potentados. Ouro, joias, túnicas, coroas e tronos significavam o epítome do esplendor na terra. Naturalmente, os autores da Bíblia usavam esses termos para descrever o esplendor do céu. Os primeiros leitores da Escritura podem ter sido mais conscientes da natureza simbólica dessa linguagem do que são os que hoje lêem o texto sagrado.

Para ilustrar os problemas da linguagem envolvida na explicação da criação e da consumação, vamos examinar Gênesis 2:7, 8:

> E formou o Senhor Deus o homem do pó da terra, e soprou em seus narizes o fôlego da vida; e o homem foi feito alma vivente. E plantou o Senhor Deus um jardim no Éden, da banda do oriente; e pôs ali o homem que tinha formado.

Como Deus "formou". O verbo usado aqui para "formou" é a palavra hebraica *yatzar*, que significa formar ou moldar. Esse verbo — *yatzar* — é usado em Jeremias 18:4-6 para descrever um oleiro moldando um vaso. O oleiro é tido como o que está formando. Quando esta ideia é aplicada a Deus, o sentido figurativo imediatamente fica aparente. Deus não tem mãos para segurar o barro, como faz o oleiro, mas a linguagem dá um sentido mais pessoal do que a palavra mais abstrata "criar". Nós sentimos o envolvimento pessoal de Deus como o que forma.

O que Deus "formou" ou "moldou"? Em Gênesis 2:7, 8, Deus formou ou moldou um homem. Em Gênesis 2:19, a mesma palavra é usada com relação aos animais: "Havendo pois o Senhor Deus *formado* da terra todo o animal do campo, e toda a ave dos céus..." (grifo do autor).

Aparentemente, Deus usou o mesmo material para formar o homem, pássaros e animais — "do pó da terra". Isto parece indicar o que o senso comum e a ciência têm há muito tempo confirmado — que os elementos físicos do homem, dos pássaros e dos animais têm uma base comum.

Essa base comum tem trazido uma grande vantagem para a ciência médica. Ela torna possível, por exemplo, uma pessoa com diabetes usar insulina de uma vaca ou de um porco, de forma que essa pessoa possa viver uma vida completa e útil.

Depois da morte, as pessoas, os animais e os pássaros voltam todos ao "pó", como Gênesis 3:19 afirma com simplicidade extraordinária: "... porquanto és pó, e em pó te tornarás".

Em Isaías 44:1, 2, uma figura de linguagem envolvendo *yatzar* — formar — mostra que essa formação pode ter envolvido um processo.

> Agora pois, ouve ó Jacó, servo meu, e tu ó Israel, a quem escolhi.
> Assim diz o Senhor que te criou e te formou desde o ventre, e que te ajudará...

As palavras de abertura mostram que a passagem refere-se à nação de Israel. A figura de linguagem é de um bebê crescendo no ventre de sua mãe, e ela é comparada à formação da nação de Israel por Deus. Tanto a figura de linguagem — o crescimento do bebê no útero — quanto o desenvolvimento de Israel indicam que esta "formação" foi um processo que levou certo período de tempo. De fato, no tempo de Isaías, Deus ainda estava formando ou moldando a nação, ainda que mais de mil anos houvessem passado desde que Deus chamou Abraão para ser o pai de grande multidão.

Em Isaías 43:1, o verbo *barah* — criar — é usado como um sinônimo do verbo *yatzar* — formar — num caso típico de paralelismo poético hebraico.

> Mas agora, assim diz o Senhor que te criou, ó Jacó, e que te formou, ó Israel...
> ***Tradução literal***: "Aquele que está criando você, ó Jacó; aquele que está formando você, ó Israel".

A "criação" de Jacó — a nação de Israel — obviamente não foi um ato instantâneo envolvendo fazer algo do nada. O particípio ativo em hebraico — *boracka*' — indica uma pessoa ou coisa concebida como estando num contínuo e ininterrupto exercício de uma atividade.[2]

Em Jeremias 10:12, 13, Deus é visto como criador e sustentador do universo, onde o particípio ativo hebraico deixa claro a atividade de Deus:

> Ele fez a terra (literal, "estava fazendo")
> pelo seu poder;
> ele estabeleceu (literal, "estava estabelecendo")
> o mundo por sua sabedoria
> e com a sua inteligência estendeu os céus.
> Fazendo ele soar a *sua* voz, logo há arruído de águas no céu,
> e sobem os vapores da extremidade da terra;
> ele faz os relâmpagos para a chuva,
> e faz sair (literal, "trazendo para fora")
> o vento dos seus tesouros.

Estas e outras passagens mostram que Deus está pessoalmente envolvido não somente na criação do mundo, mas também em sua operação diária. A criação do mundo deu-se por meio de um processo, e Deus continua atuando diariamente nesse processo. O envolvimento pessoal de Deus na tempestade não significa que causas secundárias, tais como centros de alta pressão, não estejam ativas.

[2] *Gesenius' Hebrew Grammar*, editada e aumentada por Kautzsch e Cowley (Oxford: Oxford University Press, 1910), parágrafo 116a.

Como Deus "soprou"

Os termos "soprou" e "fôlego da vida" aparecem também em Gênesis 2:7: "E formou o Senhor Deus o homem do pó da terra, e *soprou* em seus narizes o *fôlego da vida*; e o homem foi feito alma vivente" (grifos do autor).

O termo "sopro" é usado com frequência na Bíblia para simbolizar ou indicar um ser vivente. Por exemplo, Jó declara que ele não falará enganos nem iniquidades enquanto houver o *sopro* de Deus no seu nariz (Jó 27:3, 4).

O ato de Deus "soprar" no homem o fôlego da vida é obviamente uma linguagem figurada para dar vida a Adão.

Quem é uma "alma vivente"?

Em Gênesis 2:7, a expressão "alma vivente", do hebraico *nefesh chayyah*, refere-se a Adão. Entretanto, é também usada em Gênesis 2:19 para se referir aos animais: "... e tudo o que Adão chamou a toda a alma vivente [*nefesh chayyah*], isso foi o seu nome".

O mesmo termo é empregado em Gênesis 1:20, 21, 24, 30, onde o autor refere-se à criação dos peixes, pássaros e animais, e em Gênesis 9:12, 15, fazendo referência à aliança que Deus fez com Noé e seus filhos e com "toda a alma vivente".

Alguns interpretam a expressão "alma vivente", usada em Gênesis 2:7, como referindo-se à alma eterna do homem. No entanto, um estudo do seu significado em outros contextos descarta essa ideia — ninguém afirmaria que todos os peixes, pássaros e animais têm também uma alma eterna.

Na verdade, a descrição do homem como "alma vivente", feita em Gênesis 2:7, mostra suas semelhanças com outros seres viventes, ao invés de destacar as diferenças entre eles. O fato de apenas homem e mulher terem sido feitos "à imagem de Deus" torna-os diferentes de todas as outras criaturas.

> E criou Deus o homem à sua imagem; à imagem de Deus o criou; macho e fêmea os criou. E Deus os abençoou, e Deus lhes disse: Frutificai e multiplicai-vos, e enchei a terra, e sujeitai-a; e dominai sobre os peixes do mar, e sobre as aves dos céus, e sobre todo o animal que se move sobre a terra (Gn 1:27, 28).

Parte do que significa a expressão "à imagem de Deus" entrega ao homem a responsabilidade de usar adequadamente os recursos da terra. Os resultados do pecado podem ser claramente vistos no que o homem tem feito na terra sob o seu "domínio". Quando formos completamente conformados a Cristo, a imagem de Deus será restaurada em nós. Nosso intelecto, emoções, desejos, planos, propósitos e atividades estarão em completa harmonia com a vontade de Deus.

A linguagem do julgamento e destino final

Diante da pergunta "Você acredita num céu e num inferno literais?", somos novamente confrontados com o significado de "literal". Se a pergunta é colocada desta maneira: "Você acredita na realidade do céu e inferno?", há uma mudança no seu sentido.

A linguagem que descreve céu e inferno é um exemplo da verdade e da realidade sendo comunicada por meio de figuras de linguagem.

> E vi um grande trono branco, e o que estava assentado sobre ele, de cuja presença fugiu a terra e o céu; e não se achou lugar para eles. E vi os mortos, grandes e pequenos, que estavam diante do trono, e abriram-se os livros; e abriu-se outro livro, que é o da vida; e os mortos foram julgados pelas coisas que estavam escritas nos livros, segundo as suas obras. E deu o mar os mortos que nele havia; e a morte e o inferno deram os mortos que neles havia; e foram julgados cada um segundo as suas obras. E a morte e o inferno foram lançados no lago de fogo; esta é a segunda morte (Ap 20:11-14).

Ninguém pode ler esta passagem encontrando nela uma abordagem estritamente literal. Os termos "morte" e "inferno" são personificados, ou eles não poderiam ser "lançados no lago de fogo". Terra e céu são também personificados, para "fugirem".

As descrições feitas a respeito de Deus usam do antropomorfismo. Deus é descrito com qualidades humanas. Está sentado num "trono". Céu e terra fogem da "presença" de Deus (literal, "face"). Essa linguagem figurada, porém, é efetiva em comunicar verdades dramáticas: Deus é um ser pessoal de majestade e poder — não uma força abstrata.

A sentença seguinte visualiza os mortos — grandes e pequenos — que estavam diante do trono de Deus. Os livros são abertos. Em tempos modernos, essa figura de linguagem torna-se um pouco arcaica. Hoje, um escritor usaria provavelmente a figura de um editor de textos, um gravador de fitas ou um gravador de vídeos ou DVDs. A despeito do método, a verdade é que Deus conhece as obras das pessoas e o seu destino. Haverá um julgamento após a morte, e nós teremos de responder a Deus pelo que somos, pelo que pensamos e pelo que fazemos. Seria possível esse texto ser tão claro e incisivo *sem* o uso da linguagem figurada?

No Novo Testamento, a morte é chamada de o último inimigo a ser aniquilado (1 Co 15:26, 54, 55). A morte é vista como a separação de uma pessoa do seu corpo (2 Co 5:6-8; Fl 1:21-24).

Cristãos, portanto, separados do seu corpo, estão na presença do Senhor. O inferno é visto como o lugar dos mortos e um lugar de punição (Lc 16:23). O não cristão, no inferno, é separado do seu corpo *e* de Deus. A morte física é a única separação que um cristão pode experimentar, mas para o que rejeita a Jesus Cristo, morte física é o prelúdio da separação total de Deus.

A realidade da punição é ressaltada na linguagem figurada do Apocalipse. A separação final de Deus é descrita como a segunda morte ou o lago de fogo. Essa linguagem dramática mostra a desgraça de ser banido da presença de Deus.

Entendendo a linguagem da criação e da consumação

A linguagem figurada é a única forma de comunicar realidades que existem além da experiência humana. Agora, conhecemos só em parte (1 Co 13:12); sem a linguagem figurada, entretanto, nossa ignorância seria total. Apesar de nosso conhecimento ser pequeno, é extremamente valioso. *É tudo o que precisamos saber* para viver rica e significativamente com Deus e com o próximo.

As realidades descritas pela linguagem da criação e da consumação são importantes. Estamos profundamente envolvidos nos resultados da criação e seremos participantes ativos nos julgamentos, bênçãos ou punições da vida após a morte.

As verdades das Escrituras em relação à criação e consumação não são dadas para satisfazer nossa curiosidade científica nem como um horóscopo do futuro. O que nós não sabemos às vezes se torna uma batalha entre cristãos. De forma que perdemos de vista o que realmente sabemos. A mensagem básica da criação e do clímax da história é urgente e deve ser ouvida. *O tipo de linguagem empregado deve aumentar nossa atenção a respeito do que Deus é.* Não ousemos diminuir Deus para o nosso tamanho.

Questões para discussão

1. Leia Isaías 45:9-12, 18.
   a. Que figuras de linguagem você encontra nesse texto?
   b. Que verdade é expressa em cada figura?
   c. Quantas palavras diferentes para "criar" você encontra no texto? Que significados enriquecedores essas palavras sugerem?

2. Leia Daniel 7:9, 10, 13, 14.
   a. Liste todas as figuras de linguagem sobre Deus que você encontra nesse texto bíblico.
   b. Como essas figuras de linguagem ajudam a tornar Deus real para você?
   c. Algumas dessas palavras ilustrativas tendem a confundir seu conceito de Deus ou seu conceito de final dos tempos? Se qualquer uma delas tende a confundir suas ideias, você acha que nossa forma de pensar torna essas figuras difíceis para nós? Você acha que os primeiros leitores tiveram o mesmo problema? Por que sim ou por que não?

CAPÍTULO 12

ENTENDENDO A POESIA BÍBLICA

Por razões que a maioria de nós não pode explicar, a poesia parece atingir profundamente nossa alma. Análises dos mecanismos da poesia nunca poderão esclarecer por que alguns poemas nos impressionam tão profundamente. C. S. Lewis observou que "somente poesia pode falar fundo o suficiente para alcançar o fraco sussurro da mente".[1] Wordsworth disse que poesia é "o transbordar da emoção espontânea recordada na tranquilidade".[2]

Poesia inscreve os artistas no mais precipitado de nós e, por poucos momentos, nos permite escapar da limitação da própria percepção. Abre nossos olhos, mentes e sentimentos para um mundo rico de realidades que a maioria de nós visita só de passagem.

Já que a poesia parece alcançar a medula dos nossos ossos, não é surpreendente que muito da Bíblia seja escrito em poesia. Isto é especialmente verdadeiro no Antigo Testamento, onde os hebreus derramavam profundamente sua alma em poesia que ainda penetram nosso íntimo muitos séculos depois. Os que usam as versões

[1] C. S. Lewis. *Letters to Malcolm*. Nova York: Harcourt Brace Jovanovich, Inc., 1963, p. 112.

[2] William Wordsworth. *Lyrical Ballads*. 2. ed., Nova York: Oxford University Press, 1969, prefácio.

mais antigas da Bíblia ou as paráfrases mais modernas, como a Bíblia Viva, podem não perceber a extensão da poesia no Antigo Testamento, porque as seções poéticas nessas versões não estão impressas numa forma que nos permita reconhecê-las como poesias. As versões mais recentes — a ***Revista e Corrigida***, a ***Revista e Atualizada***, a ***Nova Versão Internacional*** e muitas outras — imprimem vários textos de poesia em forma de poesia. Os seguintes livros do Antigo Testamento são todos ou quase todos escritos em poesia:

Jó	Joel
Salmos	Amós
Provérbios	Obadias
Cantares de Salomão	Miqueias
Isaías	Naum
Jeremias	Habacuque
Lamentações	Sofonias

Outros livros têm seções extensas de poesias, incluindo Eclesiastes e Zacarias.

Leia poesia com um estado de espírito poético

A despeito das limitações que o nosso senso poético ou nossa habilidade em fazer poesia possam ter, todos sabemos que lemos as poesia com um estado de espírito diferente daquele com o qual lemos um texto em prosa. Sabendo que vamos ler uma poesia, afiamos nossa imaginação, e deixamos nosso senso rítmico pronto para nos levar junto com os altos e baixos do texto poético. Estaremos, então, preparados para figuras de linguagem, e entenderemos melhor do que se lermos a poesia com uma abordagem estritamente literal. Quando vemos alguma coisa poeticamente escrita, nossa mente, de forma automática, se prepara para receber poesia.

Esse estado de espírito é importante à medida que estudamos as seções poéticas do Antigo Testamento. Uma das tragédias das traduções que não imprimem poesia como poesia é que o leitor não sabe quando fazer a transição mental e emocional para esse tipo de literatura.

A forma poética hebraica é diferente

A poesia hebraica não é como a poesia ocidental. Muitas poesias modernas e algumas antigas são baseadas num equilíbrio de sons — ritmo fonético. Rimas infantis são uma forma simples desse balanço de sons. Com frequência, nossas poesias mais sofisticadas não incorporam nenhuma rima, mas têm geralmente certo balanço rítmico.

No entanto, a poesia hebraica e akkadiana (bem como a egípcia e a chinesa) consistem num equilíbrio de pensamento, ao invés de um balanço de sons. Ela tem um ritmo de *lógica*. A poesia tem uma sequência de uma ideia seguida por outra linha de pensamento paralelo à primeira. Um verso consiste em pelo menos duas partes, em que a segunda parte tem um pensamento paralelo à primeira. Esse *paralelismo* é a principal característica da poesia hebraica.

Ainda que, na poesia hebraica, um verso geralmente seja constituído de duas linhas, nela há também versos de três, quatro e até mesmo cinco linhas. Nessas linhas, o equilíbrio de pensamentos geralmente envolve certo número de unidades enfatizadas em cada linha. Nos versos mais comuns de duas linhas, com frequência há três unidades enfatizadas em cada linha. Veja o Salmo 103:10 (tradução literal):

> Não de acordo com os nossos pecados / ele agiu / por nós;
> Não de acordo com as nossas iniquidades / ele lidou plenamente / contra nós.

Este paralelismo, em que a segunda linha repete as mesmas ideias da primeira, é o tipo mais comum e é conhecido como *paralelismo sinônimo*.

Os poetas hebreus não se limitavam a uma forma. Eles usavam também *paralelismo contrastante ou oposto*, no qual a segunda linha expressa um pensamento em contraste com o da primeira linha. Provérbios 15:1 é um exemplo (tradução literal):

Uma resposta gentil / afasta / raiva,
Mas uma palavra que machuca / alimenta / ira.

Há também *paralelismo de símbolos*. Nesta forma, uma linha usa uma afirmação figurada e a outra linha, uma afirmação mais literal, como no Salmo 42:1 (tradução literal):

Assim como a corça / anseia / pelas águas correntes
Minha alma também / anseia / por ti ó Deus.

Outra variação fascinante na poesia hebraica é o *paralelismo crescente*. Nesta forma, uma parte da primeira linha é repetida enquanto novos elementos crescem para um ápice. Isto é visto no Salmo 29:1, 2:

Dai / ao Senhor / ó filhos dos poderosos,
dai / ao Senhor / glória e força.
Dai / ao Senhor / a glória devida ao seu nome.

Os poetas hebreus não eram escravos de nenhuma forma. Frequentemente, encontramos seus paralelismos incompletos, faltando algumas unidades. Este é o estilo "verso livre" deles. Na ilustração dada acima, a terceira unidade da primeira linha não é realmente paralela à terceira unidade da segunda e da terceira linhas. Às vezes, o paralelismo incompleto é compensado pela adição de outras unidades enfatizadas que não são paralelas em pensamento, como no Salmo 103:15 (tradução literal):

Assim para o homem / seus dias / são como a relva verde
Como as flores do campo / assim / ele desabrocha.

Sendo o paralelismo completo ou não, o leitor que sabe que está lendo poesia é levado conforme os autores derramam suas angústias, suas alegrias, suas expectativas sobre Deus, suas preocupações com eles mesmos e com o seu povo.

Estrofes na poesia hebraica

No decorrer do século passado, houve prolongadas discussões e algumas discordâncias entre os eruditos, sobre como a poesia hebraica é agrupada para formar estrofes. Há diferenças de opinião onde a intenção do autor não foi claramente indicada por algum artifício hebraico. Havia dois artifícios que, quando usados, tornavam claramente perceptível a intenção do autor.

Às vezes, os hebreus usavam um *refrão repetitivo* para indicar a abertura ou o fechamento de uma estrofe. No Salmo 136, as palavras "porque a sua benignidade *é* para sempre" ocorrem após cada linha. Entretanto, isso demanda um número intolerável de estrofes. Os editores, por isso, agrupam as ideias para formar estrofes mais longas. Às vezes, as ideias estão claramente agrupadas, e esse tipo de divisão da estrofe torna-se fácil.

Alguns poetas hebreus dão uma indicação precisa da estrofe pelo uso de um *acróstico*. Com esse artifício, um grupo de linhas inicia-se com a primeira letra do alfabeto hebraico, seguida pela próxima letra para o próximo grupo. Isto explica o comprimento do Salmo 119, onde o autor usou oito linhas consecutivas iniciando-se com a primeira letra do alfabeto hebraico, seguidas por oito linhas que se iniciam com a segunda letra, oito linhas, com a terceira, e assim por diante, com as vinte e duas letras do alfabeto hebraico.

Outros poemas acrósticos são encontrados nos Salmos 25, 35 e 145, nos quais cada verso de duas linhas inicia-se com letras consecutivas do alfabeto hebraico. Os belos capítulos de Lamentações 1, 2, 3 e 4 são baseados num acróstico similar. Mesmo que a ideia do acróstico pareça artificial e limitante para nós, os poetas hebreus aparentemente eram capazes de ir além de tais limitações, sendo que poucas passagens são mais pitorescas do que Lamentações 1 a 4.

A maioria das poesias hebraicas não tem essas indicações infalíveis de estrofes. Entretanto, nestes casos, o parágrafo poético — estrofe — dos tradutores nos deve guiar. A menos que prestemos atenção a essas unidades menores, nós não seremos capazes de entender a totalidade da poesia hebraica.

A poesia é pessoal

Poesia é essencialmente uma experiência pessoal — tanto para o autor como para o leitor. Não nos devemos absorver pelos mecanismos da poesia. Ao contrário, deveríamos nos concentrar na qualidade pessoal da poesia, especialmente nos salmos, pois isto é o que atrai a muitos, dia após dia. Os leitores podem entrar nas ricas experiências do poeta e lá encontrar a linguagem que expressa as suas saudades, esperanças, decepções e julgamentos.

A maioria de nós acharia uma experiência valorosa fazer a leitura do livro de Lamentações de Jeremias de uma só vez. O poeta compartilha a calamidade do seu povo, e expressa não somente aflições pessoais e sofrimentos, mas também a aflição e o sofrimento coletivos de seu povo. Do mais profundo pessimismo, ele também relata sua única esperança (tradução literal):

> É a firme esperança em Jeová
> que não permite que desapareçamos:
> pois as suas misericórdias não falham.
> Elas são novas todas as manhãs.
> Grande é a sua fidelidade (Lm 3:22, 23).

O poeta descobre que pode encarar a realidade porque ele se vê face a face com Deus.

A poesia é rica em imagens

Pela sua natureza, a poesia constitui-se de linguagem figurada. Os hebreus eram mestres no uso da linguagem figurada, mesmo em prosa, e, em poesia, sua intensa criatividade reinava absoluta por meio desse recurso literário. A passagem em Isaías 1:2, 3 ilustra isso:

Ouvi, ó céus, e presta ouvidos, tu ó terra,
porque fala o Senhor:
Criei filhos, e exaltei-os;
mas eles prevaricaram contra mim.
O boi conhece o seu possuidor,
e o jumento, a manjedoura do seu dono;
mas Israel não tem conhecimento,
o meu povo não entende.

Neste texto, um céu e terra personificados são incentivados a ouvir a acusação do Senhor. As crianças a quem Deus criou rebelaram-se contra ele. O boi e o jumento conhecem seus mestres, mas não o povo de Deus. A passagem (v. 5 e 6) continua descrevendo Israel como aquele em quem

... toda a cabeça *está* enferma
e todo o coração, fraco.
Desde a planta do pé até à cabeça
não há nele coisa sã,
senão feridas, e inchaços, e chagas podres,
não espremidas, nem ligadas,
nem nenhuma delas amolecida com óleo.

A nação de Israel é personificada como uma pessoa doente e cheia de feridas.

O capítulo inteiro é rico em imagens, todas tiradas da vida diária do povo. A maioria delas faz parte da sua economia agrária e, ainda que não vivamos mais nesse tipo de sociedade, as imagens continuam a falar fortemente a nós.

Entendendo a poesia nos salmos

Se possível, tente encontrar a ocasião histórica em que foi escrito cada salmo em particular. O seu conteúdo e o seu título geralmente são pistas para isso. Um bom comentário pode ajudar.

Entretanto, é melhor admitir ignorância do contexto em questão do que determinar arbitrariamente uma ocasião histórica particular, se não há evidências suficientes para justificá-la.

Tente entender a atitude, a percepção, o humor espiritual e psicológico do poeta ao compor o salmo. João Calvino chamou os salmos de, "uma anatomia de todas as partes da alma".[3]

Tratando de salmos imprecatórios — salmos em que o salmista atira maldições aos seus inimigos —, tais como Salmo 109:6-20 e Salmo 137:7-9, *considere essas passagens como expressões poéticas de pessoas que estavam inflamadas pela tirania do mal.* Essas pessoas sentem-se tão cobertas pelo sentimento de erro ou pelo horror da blasfêmia cometida, que se esquecem de deixar o julgamento para Deus. Esses salmos mostram o que a injustiça e o mal podem fazer até mesmo a uma boa pessoa. Para mais discussões destes salmos, veja C. S. Lewis, *Reflections on the Psalms*.[4]

Nos salmos messiânicos — 2, 16, 22, 40, 45, 69, 72, 98, 110 e outros —, *observe os elementos que se aplicam ao tempo do escritor bem como ao tempo de Cristo.* Considere por que certos fatores, por causa do que envolvem, poderiam somente pertencer ao mais alto grau do Messias. Nesse salmos, a beleza de expressão deve ser apreciada em termos de perspectiva histórica no tempo em que foram escritos.

Observe as convicções básicas do poeta sobre Deus. O poeta retorna a essas convicções quando sente o crescente aumento das pressões da vida.

Entendendo a poesia em Provérbios

Provérbios é uma coletânea de máximas e ditados populares retirados da vida cotidiana e passados de uma geração a outra.

[3] João Calvino. *Commentary on the Book of Psalms* (1845), vol. 1, xxxxvi.
[4] C. S. Lewis. "The Cursings", *Reflections on the Psalms*. Nova York: Harcourt Brace Jovanovich, Inc., 1958, p. 20-33.

O fato de esses ditados serem passados em forma poética é outra indicação do temperamento artístico do povo hebreu.

Os provérbios referem-se a problemas da vida pessoal, a relacionamentos interpessoais, ao nosso relacionamento com Deus, a princípios morais, a atitudes em relação a posses e a muitos outros assuntos. Ao contrário de nós, os hebreus não faziam distinção entre o que é secular e o que é sagrado. Eles criam que Deus era o Deus de toda a terra que exercia autoridade em todos os aspectos da vida.

Ainda que possamos classificar os provérbios por assunto, *não deveríamos pensar em alguns provérbios como "religiosos" e outros como "não religiosos"*. Isto é estranho ao pensamento do povo hebreu, de quem vêm os provérbios.

Alguns provérbios são obscuros. Ocasionalmente, o contexto pode trazer alguma luz para o sentido porque alguns provérbios são agrupados de forma a ser desenvolvido um tema comum ou paralelo. Se a obscuridade não pode ser removida, admita isto abertamente e concentre sua atenção nas seções que podem ser entendidas. Atente para figuras de linguagem curtas, em Provérbios, e aplique os princípios em linguagem figurada.

Jó — a maior poesia do Antigo Testamento

O prólogo e epílogo de Jó são escritos em prosa. O restante do livro é poesia. O prólogo — Jó 1:1 – 2:13 — oferece o cenário do livro. Ele conta sobre a fidelidade de Jó, o conselho na corte do céu, as infelicidades de Jó e a visita de seus três amigos. O epílogo — Jó 42:7-17 — descreve a restauração de Jó.

Os 40 capítulos remanescentes do livro de Jó são escritos em poesia. O poeta luta com questões que, com certeza, já foram enfrentadas por todos nós: Qual é o sentido da vida? Como uma pessoa de fé reage ao sofrimento? Como uma pessoa pode se aproximar de Deus? Qual o sentido da fé, da integridade e do propósito? Essas questões apontam para a realidade de Deus, mesmo que não tenhamos as respostas para os enigmas da vida.

Provavelmente, Jó é o maior poeta do Antigo Testamento. O escritor é eloquente, versátil, vigoroso e conciso. Para tirar o máximo proveito dos estudos de Jó, considere as seguintes sugestões:

Estude os discursos completos dos personagens principais: Jó, Elifaz, Bildade, Zofar e Eliú. Procure pelas hipóteses básicas de cada um e avalie seus argumentos tendo isso em mente.

Estude as declarações de Deus. Considere a ênfase dada à ignorância de Jó e veja como isso se relaciona com a autoconfiança dos outros personagens.

Reconheça as questões básicas e procure pelas respostas que são dadas a elas. Somos tentados a procurar por respostas para questões que o autor não discutiu. Sentimo-nos, então, constrangidos pela falta de respostas às questões que levantamos! Observe que somente certos aspectos das questões são discutidos. Nesses aspectos particulares, há uma boa dose de iluminação. Entretanto, essa iluminação vem da variedade de refletores com muitas facetas do tópico ainda obscuras.

Jó precisou descobrir, por si mesmo, que não era tanto de informação que ele precisava, mas da pessoa de Deus: "Com o ouvir dos meus ouvidos ouvi, mas agora te vêem os meus olhos" (Jó 42:5).

Entendendo a poesia nos profetas

Tente ver o profeta como uma pessoa e como um poeta.

Use os princípios básicos do estudo do contexto, história e cultura para ver a situação específica em que a poesia surgiu.

Observe como a imagem poética e a dimensão pessoal do profeta fala a nós, permitindo-nos penetrar em sua situação e compartilhar a mensagem que ele recebeu de Deus.

Questões para discussão

Leia Isaías 5:1-30. Use uma tradução que apresente poesia em forma de poesia.

1. Leia o texto em voz alta, tentando perceber a fluência poética das palavras e as ideias na linguagem pitoresca dessa forma literária. (Se o estudo está sendo feito em grupo, os seus componente poderão fazer a leitura em uníssono, caso tenham a mesma versão bíblica; ou uma pessoa pode ler em voz alta todo o texto, enquanto os outros ouvem. Ou ainda a leitura pode ser feita por todos, em voz alta e ao mesmo tempo —método chinês! Todos devem estar concentrados no som de suas vozes e na sequência poética das palavras).

2. Observe como os tradutores dividiram a poesia em estrofes. Escreva na margem da sua Bíblia a principal ideia de cada estrofe.

3. Estude o paralelismo da poesia.
   a. Nos versos 20 a 23, observe o paralelismo de sinônimos — linhas onde a mesma ideia é repetida duas ou três vezes com palavras diferentes. A repetição intensifica a ideia?
   b. Observe o paralelismo de contraste nos versos 15 e 16, seguido de paralelismo de sinônimos, no verso 17.
   c. Na parábola da vinha (5:1-7) destaque o paralelismo de símbolos encontrado nos versos 5 a 7. (Os versos 5 e 6 apresentam figuras de linguagem, enquanto o verso 7 usa um sentido mais literal).
   d. No verso 6, encontre os quatro passos do paralelismo de sinônimos, e, no verso 7, o paralelismo de contraste.

4. Que elementos pessoais você encontra nos versos 1 a 30, sobre os quais você pode dizer: "Sim, eu sei disso por experiência própria"?

5. Nos versos 24-30, encontre duas ou três figuras de linguagem (metáforas, símiles, personificações) que dão força à poesia.

6. Você acha que a mensagem do autor teria sido mais efetiva se apresentada na forma de sermão, ao invés de sua apresentação em forma de poesia?

CAPÍTULO 13

COMO ELABORAMOS A DOUTRINA E A TEOLOGIA?

Nenhuma outra área da igreja cristã precisa mais de renovação e despertamento espiritual do que a que se ocupa da teologia e do ensino doutrinário. Infelizmente, muitas pessoas pensam em doutrina ou teologia como uma abordagem desinteressante, abstrata e filosófica do cristianismo, que não tem aplicação à sua vida cotidiana ou que requer um domínio da linguagem teológica técnica.

Isso é um engano. Doutrina e teologia afetam cada faceta da nossa vida e não requerem jargões teológicos. Nossas escolhas e atitudes são determinadas em grande parte pela nossa teologia, quer tenhamos consciência disso ou não. Por esta razão é essencial que a nossa teologia seja leal e verdadeiramente bíblica.

A palavra "doutrina" vem da palavra em latina *doctrina*, que significa "ensino". Refere-se tanto ao ato de ensinar como ao que é ensinado (*o* ensino). A palavra *Torah*, ou *lei* em hebraico, significa também "ensino". Portanto, a "lei do Senhor" significa basicamente o "ensino do Senhor".

O sufixo *logia* significa uma ramificação ou corpo do aprendizado. Desse modo, biologia refere-se a um corpo de aprendizado sobre vida orgânica. Teologia refere-se ao aprendizado ou ensino sobre Deus. Teologia e doutrina significam, assim, basicamente a mesma coisa.

No uso atual das palavras *doutrina* ou *teologia*, frequentemente referimo-nos a um sentido mais restrito, geralmente um grupo de verdades específicas sobre Deus e nosso relacionamento com ele. Estudamos a doutrina ou teologia do pecado (conhecida como *harmartologia*), da salvação (conhecida como *soteriologia*), de Cristo (conhecida como *cristologia*), ou de coisas futuras (conhecida como *escatologia*).

Um estudo desse tipo deve ter um propósito fundamental: facilitar a compreensão, de forma que essas verdades tornem-se parte da nossa vida. Para ter valor, a doutrina deve ser "aprendida" e "vivida".

A Bíblia, por si mesma, não ensina doutrina no sentido restrito de um sistema de pensamento organizado. Ela é basicamente um "estudo de caso" do tratamento de Deus com as pessoas e as respostas do homem para Deus. Deus lidou com as pessoas de acordo com sua vida em suas situações históricas. As normas do Antigo Testamento que aparecem em Êxodo e em Deuteronômio foram entregues por Deus aos israelitas, quando estes estavam deixando centenas de anos de escravidão no Egito e embarcando num novo modo de vida como uma nação. As cartas do Novo Testamento foram escritas para igrejas específicas ou indivíduos em situações históricas, que podem ter sido parecidas ou diferentes das situações vividas por nós. Nenhuma parte da Bíblia ensina doutrina no sentido de um sistema de pensamento organizado.

A partir dos escritos do Antigo e do Novo Testamento, porém, podemos aprender sobre Deus e seus planos e propósitos para as pessoas daqueles dias e para nós, hoje. Desse tipo de estudo nós formulamos nossa doutrina ou teologia, na qual baseamos nossas decisões diárias e nossas crenças.

Um fato precisa ser enfatizado e re-enfatizado: a verdade doutrinária é apenas parcial. Deus não escolheu revelar tudo o que gostaríamos de saber. Paulo deixa isso muito claro em 1 Coríntios

13:12 "Porque agora vemos por espelho em enigma, mas então veremos face a face; agora conheço em parte, mas então conhecerei como também sou conhecido".

Às vezes, os teólogos são tentados a formular doutrinas baseados no que eles pensam que Deus *deveria* fazer, em lugar de se limitarem ao que as Escrituras de fato dizem. A Bíblia não responde a todas as nossas perguntas. Como é difícil viver com perguntas não respondidas, nós somos tentados a responder ao desconhecido com o que pensamos ser as respostas para as nossas indagações.

Esse caminho pode levar a consequências trágicas, como o apóstolo Pedro descobriu na história recontada em Marcos 8:27-33. Jesus perguntou aos discípulos: "Quem dizem os homens que eu sou?". Pedro deu sua opinião, que era a resposta certa: "Tu és o Cristo" (Mc 8:27-28; v. Mt 16:13-23).

Jesus revelou aos discípulos que ele deveria ir a Jerusalém para sofrer e ser morto. Pedro não podia conceber essa verdade na sua teologia judaica que tinha sido formulada para dizer que o Cristo restauraria o reino de Israel e libertaria Israel do domínio de Roma. Então Pedro chamou Cristo à parte e começou a repreendê-lo por dizer tais coisas.

Jesus deu a Pedro uma das mais fortes repreensões registradas no Novo Testamento: "Para trás de mim, Satanás, que me serves de escândalo; porque não compreendes as coisas que são de Deus, mas só as que são dos homens" (Mt 16:23).

Devemos ter o cuidado de não seguir o exemplo de Pedro, na tentativa de estruturar a ação divina de acordo com o que pensamos que Deus deve fazer ou deveria ter feito. Tomando esse cuidado, poderemos ter de nos satisfazer com menos respostas absolutas para questões difíceis e deixar mais espaço para diferenças de opiniões sinceras entre os cristãos.

Dois tipos de teologia

Entre estudiosos bíblicos, há duas ramificações da teologia. Uma é conhecida como teologia bíblica e a outra, como teologia sistemática. Ambas devem se basear na Bíblia e ambas são essenciais para um entendimento sólido das Escrituras.

A teologia bíblica enfatiza a história. A teologia bíblica lida com a maneira pela qual a estrutura histórica do Antigo e do Novo Testamento influencia seus ensinamentos. Cada ensinamento da Bíblia veio em determinada situação histórica e cultural. A teologia bíblica tenta entender como um ensino em particular foi influenciado pela situação histórica do tempo em que foi estabelecido e como a mensagem de Deus foi particularmente aplicada às necessidades do povo naquela situação. A teologia bíblica poderia ser chamada mais apropriadamente de teologia histórica do Antigo Testamento e teologia histórica do Novo Testamento.

Por exemplo, os capítulos 1, 2 e 3 de João foram escritos no fim do século primeiro, quando os ensinos do gnosticismo estavam surgindo. Os gnósticos ensinavam que só o "espírito" era bom e que o "corpo" era essencialmente mau. Por essa razão, os gnósticos depreciavam o corpo físico, acreditando que ele era mau porque era material.

A influência desse ensinamento pode ser vista em 1 João 4:2-3, onde o escritor sagrado afirma: "... todo o espírito que confessa que Jesus Cristo veio *em carne* é de Deus; e todo o espírito que não confessa que Jesus Cristo veio em carne não é de Deus..." (grifos do autor).

A mesma ideia aparece em João 1:14: "E o Verbo se fez carne e habitou entre nós, cheio de graça e de verdade, e vimos a sua glória, glória como do unigênito do Pai" (ARA). Provavelmente, João declarou isso em resposta aos ensinamentos gnósticos que negavam que Cristo realmente se tornou carne.

Outro exemplo de ensino doutrinário em resposta a uma situação histórica aparece em Hebreus 1. A teologia bíblica mostra que os primeiros leitores da carta aos Hebreus estavam encantados com os anjos. Com isso, o autor queria mostrar que Cristo era superior aos anjos.

A teologia bíblica enfoca seus estudos em três áreas: 1) os ensinamentos de um livro da Bíblia em particular ou um grupo de escritos relacionados entre si, tais como as epístolas pastorais do Novo Testamento, ou os escritos apocalípticos da Bíblia (Apocalipse, Ezequiel, Daniel); 2) o período histórico específico de um autor em particular e de seus leitores; e 3) os diversos fatores da situação histórica que podem ter influenciado determinado autor , os seus ensinos e os seus leitores.

A teologia bíblica não está primariamente interessada em tentar fazer com que todos os ensinamentos da Bíblia se complementem. Sua ênfase está na natureza de um ensino particular e como este ensino supriu as necessidades das pessoas no tempo em que foi dado.

Teólogos bíblicos e sistemáticos concordam em que a Bíblia por si só nunca nos dá um ensaio completo sobre a natureza de Deus ou sobre o propósito e natureza da igreja, nem sobre a relação de Deus, do Filho e do Espírito Santo, ou sobre nenhum outro assunto.

A teologia sistemática enfatiza os sistemas de pensamento. Tenta agrupar todos os ensinamentos sobre determinado assunto em particular, de forma a oferecer um panorama completo sobre o tema. A ênfase da teologia sistemática muda de tempos em tempos, conforme as questões a ela pertinentes se alteram. No entanto, os teólogos sistemáticos deveriam tentar desenvolver ensinos bíblicos específicos de acordo com os problemas enfrentados em cada geração.Hoje, eles precisam trabalhar com os padrões de linguagem e pensamento dos nossos dias. Não é fácil fazer isso. De fato, é tão difícil, que com frequência eles tendem a refletir as questões de uma era passada em lugar de tratar de questões atuais. As teologias sistemáticas, assim como as traduções da Bíblia, devem ser mantidas atualizadas se quiserem ser de grande utilidade.

Para um trabalho de valor, o teólogo sistemático deve trabalhar com o teólogo bíblico, ou pelo menos com a abordagem estudada por este último. Por exemplo, para desenvolver uma doutrina da criação física, precisamos descobrir tudo o que a Bíblia diz sobre a criação física de Deus: como isto veio a acontecer, o efeito do pecado na criação, o futuro do mundo físico. Fazendo isso, o teólogo sistemático deve também trabalhar com o teólogo histórico bíblico, que estará estudando, por exemplo, os diferentes significados da palavra *dia* encontrados nos variados cenários históricos bíblicos. Deve estudar o que os hebreus queriam dizer com a palavra *formou*, a maneira em que o termo é usado no Antigo Testamento para descrever a atividade criacionista de Deus.

O teólogo sistemático consciente não pode formular uma doutrina que não seja sustentada pelo trabalho do teólogo bíblico. Ele deve preferir permanecer em silêncio quando a evidência não é conclusiva.

O teólogo sistemático desempenha uma atividade similar em outros assuntos importantes — a natureza de Deus, a natureza de Cristo etc., coletando materiais de todas as partes da Bíblia e organizando-os em uma estrutura lógica que combina tão bem quanto possível as ênfases principais e secundárias da Bíblia inteira.

Os teólogos sistemáticos devem ser capazes de defender sua estrutura de pensamento. Enfrentam tipos de questões como estas: Por que certos relatos bíblicos têm mais peso do que outros? Será somente para dar suporte adicional para o sistema escolhido? Em que se baseia o teólogo para escolher os principais ensinamentos do sistema? Como agrupa certos ensinamentos como os que enfatizam a soberania de Deus e os que enfatizam nossa liberdade de escolha? Como o ensino da soberania de Deus difere de um determinismo rígido em que Deus causa todas as coisas — incluindo as ações corretas das pessoas e os pecados por elas cometidos?

Teólogos bíblicos e sistemáticos enfrentam perigos. Ambas as ramificações da teologia são essenciais. Se considerarmos ensinos teológicos somente em termos de fatos históricos, poderemos ter uma teologia centrada na história, sem relevância para os dias atuais. Se olharmos para os ensinamentos somente em termos de um sistema lógico de pensamento, poderemos acabar com uma teologia centrada na ideia humana ao invés de uma teologia bíblica. Deus pode ser omitido em ambas as abordagens.

Mesmo quando Deus é o centro, nenhuma das abordagens isoladas é suficiente. Precisamos do teólogo bíblico para mostrar como os fatores históricos e gramaticais influenciaram os ensinos doutrinários em partes específicas da Bíblia, em períodos específicos em que Deus escolheu ser revelado. Precisamos do teólogo sistemático para agrupar todos os ensinos bíblicos de um assunto em particular para os nossos dias. Por exemplo, como deveríamos tratar o assunto "expiação", hoje, para mostrar o que está envolvido no seu significado?

Ignorando o que não se encaixa ao sistema

Às vezes, os teólogos ignoram ou subestimam o que não se ajusta a suas ideias em particular. Isto estimula especialmente os teólogos sistemáticos; mas quanto mais eles sabem sobre o contexto, gramática e situação histórica da passagem, melhor será sua análise e seleção dos ensinos relevantes e, consequentemente, o ajuste da estrutura. Estarão, então, menos suscetíveis a dar ao texto uma interpretação que o autor não pretendia dar.

Ignorando o contexto. Cristãos ensinam por meio de relatos sobre suas crenças, seguidos por uma série de versículos que supostamente "provam" a afirmação feita. Uma passagem no seu contexto original e situação histórica pode ter dito pouco ou nada relacionado com a afirmação que é agora usada para "provar". O método conhecido como "revisão de texto" é legítimo e apropriado somente quando o intérprete estuda cuidadosamente cada passagem no seu contexto histórico e gramatical para ter certeza de que ela de fato ensina o ponto para o qual está sendo usada.O descuido nesta questão tem trazido com frequência descrédito para o cristianismo. Textos bíblicos têm sido "revisados" para apoiar racismo, sexualidade, a terra plana e não redonda, e muitas outras causas inadequadas. Uma revisão de texto apropriada nunca cita uma passagem de modo a fazê-la revelar o que queremos, desconsiderando o seu contexto.

Infelizmente, muitos cristãos pensam que um livro ou um palestrante é "bíblico" se cita muitos versículos das Escrituras. Muitos ensinos não bíblicos foram "provados" por esse método. De fato, a prática dá frequentemente ao leitor ou ouvinte a impressão de que a Bíblia diz muito mais sobre um assunto do que na verdade diz. O leitor pensa que sabe mais sobre o assunto do que a Bíblia realmente ensina! Isto tem acontecido particularmente na área da escatologia — a doutrina dos últimos dias — mas aplica-se também a muitos outros assuntos.

Atacando os que diferem. Todos os cristãos, incluindo os teólogos, são tentados a atacar aqueles com quem não concordam. Intercâmbio honesto de ideias é geralmente saudável para a igreja ou para qualquer outro grupo. Condenar outros cristãos ou maldizer seu caráter por causa de uma pequena diferença doutrinária é um tipo de orgulho que a Bíblia condena fortemente. "Porque ainda sois carnais. Pois, *havendo* entre vós inveja, contendas e dissensões, não sois porventura carnais, e não andais segundo os homens?" (1 Co 3:3).

Todos nós precisamos admitir que a Bíblia *não* nos conta tudo o que gostaríamos de saber. Ela nos é a regra de fé e prática "suficiente" — não uma completa, e "onisciente" regra.

Porque a Bíblia não nos conta tudo o que gostaríamos de saber, cristãos sinceros hoje dizem coisas em diferentes maneiras e organizam materiais em diversas estruturas. Muitos desacordos doutrinários vêm por causa da concepção de que cada pessoa de fato tem o entendimento completo da verdade. Os desentendimentos que surgem a partir do nosso conhecimento parcial têm causado má impressão à doutrina perante muitas pessoas.

Honestidade e humildade são necessárias. Especialistas na interpretação da Bíblia tentam considerar, honestamente, cada passagem que de fato lida com o assunto que eles mantêm em estudo; mas, mesmo assim, algumas dessas passagens podem ser omitidas. Como humanos, todos nós tendemos a explicar algumas coisas e ignorar outras.

De maneira limitada, todo cristão pode e deve fazer um estudo similar. Sofrerá, então, dos mesmos erros humanos que importunam os especialistas na interpretação bíblica. Podemos minimizar esses erros se, diligentemente, pesquisarmos as Escrituras sobre qualquer assunto em que estejamos interessados, considerando seriamente o contexto e a situação histórica do autor, e, agrupando as verdades que encontrarmos para formar uma regra "suficiente" para a vida.

Por exemplo, se estudarmos sobre o significado do pecado, poderemos aprender que pecado envolve errar o alvo, revoltar-se contra Deus. Às vezes, envolve iniquidade e profanação, orgulho falso, arrogância, independência. Pecado envolve atitude e ação.

Este não é o retrato completo do pecado na Bíblia, mas ele nos diz por que devemos evitar a moral perversa. Aplicando as verdades que encontramos, podemos nos abrir para um entendimento crescente a respeito dos efeitos do pecado e como podemos reconhecê-lo. Entretanto, mesmo que examinemos cada verso da Bíblia que trata do pecado, ainda assim, teremos muito para aprender quando Cristo retornar. Nós não temos o retrato completo no momento presente.

Deus tem muito mais para nos mostrar. Efésios 2:7 diz: "Para mostrar nos séculos vindouros as abundantes riquezas da sua graça, pela sua benignidade para conosco em Cristo Jesus".

Os tópicos teológicos sobre os quais a maioria dos que se dedicam ao estudo aprimorado da Bíblia têm estudado nas décadas passadas podem parecer um caminho distante daquele em que vivemos hoje. Mesmo assim, quando a teologia é vista como verdades sobre Deus, pessoas, pecado, vida e morte, ela é indispensável para os cristãos que vivem em todas as épocas.

Devemos estar constantemente atentos ao fato de que, embora tenhamos uma Bíblia divinamente inspirada, nós *não* temos teologias divinamente inspiradas — nem de Lutero, nem de Calvino, nem de Strong, nem de Scofield, nem de Barth, nem de ninguém. O livro fonte do qual o material é extraído é divino — as estruturas históricas ou sistemáticas nas quais os ensinamentos se apóiam são claramente humanas.

Já que os ensinos teológicos ou doutrinários são verdades pelas quais devemos viver, eles devem falar às nossas necessidades particulares no lugar onde estamos hoje. Precisamos desesperadamente de bom trabalho teológico sobre muitos assuntos que dizem respeito ao mundo de hoje, tais como guerra e paz, fome no mundo, meio-ambiente, casamento, relacionamento homem-mulher, trabalho, necessidades materiais, e responsabilidades para com os outros.

Toda verdade teológica deve cultivar verdade. Porque ela é tão importante, justifica nosso melhor esforço contínuo. Todo estudante sério da Bíblia deve ser comprometido em se ocupar de ambas as teologia ou doutrina histórica e sistemática.

Questões para discussão

1. Com o auxílio de uma concordância, estude as referências feitas no livro de Apocalipse aos *santos*, aos *pecadores* e à igreja.
2. Tendo estudado todas as passagens em seu contexto literário e histórico, veja que doutrinas sobre a igreja você pode formular a partir do seu estudo.

CAPÍTULO 14

COLOCANDO TUDO EM ORDEM

Você pode estar se perguntando: "Por que a Bíblia precisa ser tão complexa?". "Por que eu tenho de distinguir entre os mais altos padrões e regras entregues a pessoas de outras épocas? Por que Deus não os classificou para nós? Por que eu preciso estudar história, cultura, problemas de linguagem, tipos de poesia não ocidentais e figuras de linguagem antigas para entender a mensagem de Deus para mim?".

Você não precisa necessariamente fazer tudo isso. Pode ler a Bíblia como um livro qualquer, na versão de sua escolha, e boa parte da mensagem de Deus virá a você se você ler com uma mente aberta, procurando pela orientação do Espírito Santo.

Realisticamente, entretanto, a Bíblia *não* é como qualquer outro livro que jamais foi escrito. Ela envolve muitos autores, atravessando centenas de anos, escrevendo em línguas desconhecidas para nós, com padrões de pensamentos, costumes e situações históricas há muito tempo distantes de nós.

Ainda mais importante, a Bíblia não é como qualquer outro livro porque ela nos transmite a voz de Deus. Deus está muito além dos nossos pensamentos mais profundos; ele é maior do que nossa mais livre imaginação, mais santo do que nossa mente pecadora pode compreender, e mais amoroso do que nossa capacidade de sentir.

Até o aluno mais devoto conseguirá apenas arranhar a superfície da Bíblia e suas revelações sobre Deus e o relacionamento dele com as pessoas. A Bíblia fala sobre homens e mulheres vivendo e morrendo, sobre suas tragédias, prazeres, pecados, rebeliões contra Deus, reconciliações com Deus. Ela fala de Jesus Cristo, o Filho de Deus, sua vida e ministério nesta terra, sua morte, ressurreição, sua obra presente a favor do seu povo.

Porque a Bíblia é tão rica, queremos ser capazes de absorvê-la e compreendê-la tanto quanto possível, de forma a que possamos crescer em amor por Deus, em obediência a Deus, em compreensão de nós mesmos e do mundo em que vivemos.

Há outras razões para sermos diligentes, estudiosos criteriosos da Bíblia. Em nossa época, as seitas estão se multiplicando e muitas estão propagando suas crenças agressivamente. A maioria faz algum uso da Bíblia na abordagem aos convertidos em potencial. Elas têm uma amostra bem programada de versículos bíblicos que é servida instantaneamente em resposta a certas questões. A maioria delas, entretanto, tem pouco conhecimento sólido da Bíblia — o tipo de conhecimento baseado nos princípios destacados neste livro.

Cristãos que sabem apenas uns poucos versículos bíblicos memorizados na infância são pressionados a defender sua fé diante dos muitos desafios atuais. Na verdade, a Bíblia não precisa ser defendida; ela só precisa ser lida, entendida e aplicada pelo homem. Um conhecimento sólido genuíno da Bíblia e de como interpretá-la libertam o cristão de qualquer temor de que alguma nova descoberta destrua a fé desenvolvida entre as pessoas. A verdade não é destrutível.

A prática é mais difícil do que a teoria. É mais fácil conversar sobre bons princípios de interpretação da Bíblia do que praticá-los. Isso é verdadeiro para a maioria das habilidades. Nós podemos ler um texto sobre natação e aprender exatamente o que nossos braços e pernas devem fazer na água. Podemos até mesmo memorizar essas informações. Isso, porém, não quer dizer que seremos capazes de nadar quando entrarmos na água. Uma vez dentro da água, descobrimos que controlar a habilidade é muito diferente de memorizar as regras.

Leva tempo e esforço para aprender a coordenar elementos da interpretação bíblica envolvendo linguagem, passado histórico, estilo cultural, linguagem figurada etc. para se chegar ao sentido original da passagem que estamos estudando. É necessário esforço extra para determinar o sentido correto para nós hoje. Logo descobrimos que entender a Bíblia, assim como natação, é uma questão pessoal. Não há uma forma impessoal de entender o seu sentido. Há somente linhas de direção para ajudar as pessoas a descobrirem os sentidos.

Geralmente é de grande ajuda discutir nossas descobertas e nossos métodos com amigos cristãos com diferentes experiências denominacionais. Podemos perceber outros pontos de vista que nos ensinam que a nossa visão não é tão absoluta quanto pensávamos ser.

Se já desenvolvemos hábitos ruins de estudo da Bíblia, talvez possamos sentir que é muito difícil mudar — requer um esforço muito grande. Entretanto, há muita coisa em jogo para nos permitir ser resistentes. O Espírito Santo ajudará nosso empenho sincero em reprovar desejo impetuoso e equivocado, e nos ajudará a disciplinar nosso raciocínio como deveria ser.

Devemos prestar contas a Deus do nosso uso da Bíblia. A Bíblia nos foi dada como um meio pelo qual podemos conhecer a Deus, e devemos prestar contas a Deus do uso que fazemos dela. Jesus disse que, no dia do julgamento, as pessoas darão conta por toda preguiça e palavra ociosa (Mt 12:36). Isto, com certeza, aplica-se ao uso da Bíblia. Sinceridade não será uma desculpa adequada para hábitos pobres quando o problema real é a preguiça e a teimosia.

A maneira com que entendemos a Bíblia influencia não somente nossa vida mas também a vida de muitos ao nosso redor. Se estivermos cientes do fato de que devemos prestar contas a Deus pela maneira em que interpretamos a Bíblia, devemos ser honestos e diligentes no estudo que desenvolvemos da Escritura.

Deus nos deu as Escrituras para nosso crescimento e para darmos testemunho de Cristo no mundo. Deus nos libertou do domínio e do castigo do pecado. Esta boa notícia deve ser trazida a todo homem, mulher e criança. Para fazer isso, nós devemos entender a Bíblia.

"A exposição das tuas palavras dá luz; dá entendimento aos símplices" (Sl 119:130).

ÍNDICE DAS REFERÊNCIAS BÍBLICAS

Antigo Testamento

Novo Testamento

Mateus
1
2:5
2:6
4:14
5:27-30
6:10
6:34
7:12
9:1-8
9:16
9:17
10:34-36
12:24-29
12:28
12:36
13:24-30
13:41-43
14:13-21
15:8
16:13-23
19:3-12
19:16-30
20:1-16
20:25
20:26
21:33-46
21:43
22:23-32
22:35-40
23:32
23:37
24:15
24:26
24:27
25:1-13
25:14-30
26:15
26:26-29
26:52

Marcos
2:1-12
2:12
3:5
3:22
8:27-33
12:1-12
13:13
14:22-25

Lucas
1:1-4
2:21
2:22-39
5:17-26
8:21
10:1
10:1-3
12:32
13:22-30
14:25-33
15:1-10
16:14-18
16:23